Swami Vivekananda
Karma-Yoga und Bhakti-Yoga

SWAMI VIVEKANANDA
KARMA-YOGA UND BHAKTI-YOGA

Aquamarin Verlag

ISBN 978-3-89427-606-5

1. Auflage 2012

© Aquamarin Verlag GmbH
Voglherd 1 • D-85567 Grafing
www.aquamarin-verlag.de

Aus dem Englischen übersetzt von
Ilse Krämer und Frank Dispeker

Umschlaggestaltung: Annette Wagner
unter Verwendung von © ivivankeulen #32442993 – Fotolia.com

Druck: C.H. Beck • Nördlingen

Inhalt

VORWORT

Vor etwa fünfzig Jahren sind die kleinen Werke Vivekanandas zum ersten Mal in deutscher Sprache erschienen. (Einige Vorlesungen wurden schon im Jahre 1921 in Deutschland gedruckt.) Seitdem ist der Name Vivekananda vielen Menschen im deutschsprachigen Raum ein Begriff geworden. In Amerika und England war er schon seit längerem wohlbekannt, da er dort persönlich gelehrt hat.

Wer ist Vivekananda?

Ein Heiliger, ein Weiser, ein Gottliebender, einer der ganz Großen, die über die Erde gegangen sind.

Von Kindheit an auf der Suche nach Gott, und trotzdem seiner Natur nach ein Skeptiker, glaubte er nur, was er aus eigener Erfahrung kennengelernt hatte. Als Achtzehnjähriger trat er vor Sri Ramakrishna und fragte ihn, statt einer Begrüßung:

»Habt Ihr Gott gesehen?«
»Ja, deutlicher als ich dich vor mir sehe.«
»Könnt Ihr Ihn mir zeigen?«
»Ja, das kann ich.«

Und durch Handauflegen versetzte der große Meister den jungen Schüler in einen transzendenten Zustand. Trotz aller

Erschütterung behauptete Vivekananda, er sei von diesem Vorgang unangenehm berührt gewesen, und mied Sri Ramakrishna längere Zeit danach als einen alten, etwas verschrobenen Ekstatiker. Selbst viel später noch, als Ramakrishna, dessen Lieblingsjünger und tief ergebener, erklärter Anhänger er nun schon seit langem war, äußerte, es gebe nichts außer Brahman, alles sei Gott, fragte er ihn voller Ironie:

»Auch das Glas, auch der Tisch, auch der Stuhl?«

Seine Zweifel fielen erst dann von ihm ab, als der Meister ihn in einen Zustand des Gottesbewusstseins versetzte, in dem er drei Tage lang nichts anderes wahrnahm als Brahman, auch im Glas, auch im Tisch, auch im Stuhl.

Sein Meister kannte ihn besser, als er sich selbst kannte. Er prophezeite ihm, er werde in der ganzen Welt seine (Ramakrishnas) Botschaft von der Wahrheit aller Religionen und der ihnen zugrunde liegenden Einheit verkünden. Nach Erfüllung dieser ihm von der Göttlichen Mutter zugedachten Aufgabe erfahre er, wer er in Wirklichkeit sei, und sobald er es erfahren habe, werde er seinen Körper aufgeben. Diese Voraussage ist bis in alle Einzelheiten eingetroffen. Vivekananda hat in Indien, in Amerika und in England Sri Ramakrishnas Lehren verbreitet und ist, noch nicht vierzig Jahre alt, vorsätzlich und nach allen nötigen Vorbereitungen in der Meditation gestorben. Er hat, wie er es selbst nannte, »seinen Körper ausgespuckt«.

Wie alle großen Meister, hat auch er (außer Briefen) nichts Schriftliches hinterlassen. Die acht unter seinem Namen erschienenen Bücher entstammen, mit Ausnahme von Raja-Yoga, das er selbst für den Druck vorbereitete, nicht seiner Feder, sondern sind Aufzeichnungen seiner Hörer und Schüler nach Vorträgen und Diskussionen, die Vivekananda öffentlich oder im kleinen Kreise gehalten hat. Der unermüdlich Arbeitende, der sich aber um die Früchte seiner Arbeit nicht kümmerte, war nicht dazu zu bewegen, zurückzuschauen und auch nur einen prüfenden Blick über diese Aufzeichnungen zu werfen. Daher erklärt sich die Existenz vieler schwer verständlicher, manchmal sogar widersinniger Stellen, die von Hörfehlern oder Gedächtnisirrtümern herrühren.

Diese Bücher enthalten aber neben manchem, das nur für die Archive der Ramakrishna-Mission von Wichtigkeit ist, köstliche Edelsteine indischer Weisheit und Erkenntnis.

Es war den Übersetzern ein großes Anliegen, diese Lehren neu zu übertragen. Obwohl es nun manche gibt, die mit aller Strenge dagegen sind, dass auch nur ein Wort in diesen Büchern abgeändert werde, was sicher nicht in Vivekanandas Sinn ist (sein Name bedeutet: »Einer, der Urteilskraft besitzt«), haben die Übersetzer versucht, durch Umstellen, Verdeutlichen, Weglassen mancher Wiederholung und möglichstes Vermeiden von Sanskrit-Begriffen dem europäischen Leser das Verständnis zu erleichtern. Dabei waren sie aber sorgfältig darauf bedacht, dem Geist Vivekanandas stets treu zu bleiben.

Alle Änderungen, Umstellungen und Kürzungen wurden von Swami Prabhavananda von der Ramakrishna-Mission geprüft und ausdrücklich gutgeheißen. Swami Prabhavananda ist der langjährige Leiter der Vedanta-Gesellschaft in Hollywood und Schüler Swami Brahmanandas, den Sri Ramakrishna seinen »geistigen Sohn« zu nennen pflegte.

Die Übersetzer

KARMA-YOGA

DER PFAD DER ARBEIT

I

KARMA
UND SEINE EINWIRKUNG
AUF DEN CHARAKTER

Der Ausdruck Karma stammt von der Sanskritwurzel kṛ, tun. Alles Tun ist Karma. Es bedeutet auch die Wirkung alles Tuns. In Verbindung mit Metaphysik meint es manchmal die Wirkungen, deren Ursachen in unseren vergangenen Handlungen zu suchen sind. Doch in Bezug auf Karma-Yoga wird das Wort Karma nur im Sinne von Werk, von Arbeit, angewendet. Das Ziel der Menschheit ist Erkenntnis; dies ist das eine Ideal, das uns die östliche Philosophie weist. Nicht Lustgewinn ist das Ziel des Menschen, sondern Erkenntnisgewinn. Lust und Glück haben ein Ende. Es ist ein Irrtum, anzunehmen, das Ziel des Menschen sei Lust oder Vergnügen. Die Ursache allen Kummers, den wir im Leben erleiden, ist die törichte Annahme, Lust sei das Ideal, nach dem wir zu streben hätten. Im Laufe der Zeit entdeckt der Mensch, dass es nicht Vergnügen, sondern Erkenntnis ist, auf die er zugeht, dass sowohl Lust wie Leid seine großen Lehrmeister sind, und er vom Bösen ebenso viel lernen kann wie vom Guten. Lust und Leid, die an seiner Seele vorüberziehen, hinterlassen dort ihre unterschiedlichen Bilder, und das Gesamtergebnis dieser Eindrücke ist es, was man Charakter nennt. Betrachtet man den Charakter eines Menschen, so erkennt man, dass er nichts anderes ist als das Aggregat von Tendenzen, die Gesamtsumme seiner inneren Neigungen, und gewahrt gleichzeitig, dass bei der Formung eines Charakters Not und Glück zwei ebenbürtige Faktoren sind; oft sogar ist die Not die größere Lehrmeisterin als das Glück. Nach gründlichem Erforschen der großen Charaktere, die unsere Welt hervorgebracht hat, darf man wohl bei der überwiegenden Mehrheit der Fälle sagen: Not lehrte eindringlicher als Glück, Armut unterwies nachdrücklicher als Reichtum, Tadel schürte das innere Feuer mehr als Lob.

Erkenntnis wiederum ist dem Menschen von Natur aus eingeboren; kein Wissen kommt von außen, alles liegt schon im Inneren bereit. Sagt man, der Mensch »weiß«, so sollte das, genauer ausgedrückt, heißen, er »entdeckt« oder »enthüllt«. Was ein Mensch »lernt«, ist in Wirklichkeit das, was er »entdeckt«, indem er von der eigenen Seele, dieser unendlichen Fundgrube an Wissen, die Decke wegzieht. Wir sagen, Newton entdeckte die Schwerkraft. Hat sie vorher in einer Ecke gesessen und auf ihn gewartet? Sie lag bereits in seiner eigenen Seele, und als es an der Zeit war, fand er sie dort. Alles Wissen, das je in die Welt gekommen ist, stammt aus dem Inneren, dem Geist. Die gigantische Bibliothek des Universums liegt in uns verborgen. Die Außenwelt ist nichts anderes als der Hinweis, die Gelegenheit, die zum Studium des eigenen Inneren anregt, aber das Objekt des Studiums bleibt immer das eigene Innere. Das Herunterfallen eines Apfels war für Newton der Wink, und er studierte darüber in seinem Geist. Er ordnete alle schon vorher überprüften Gedankenglieder und entdeckte unter ihnen ein neues, und zwar das, was wir das »Gesetz der Schwerkraft« nennen. Dieses lag weder im herabfallenden Apfel noch im Mittelpunkt der Erde. Daraus erkennen wir, dass alles Wissen, das weltliche wie das geistliche, bereits im Inneren des Menschen ruht. Vielfach wird es nicht entdeckt, sondern bleibt verhüllt. Wenn sich jedoch langsam die Decke hebt, können wir sagen: »Wir lernen.« Aller Fortschritt der Wissenschaft ist der fortschreitende Prozess dieses Aufdeckens. Wer dabei ist, die Hülle zu heben, gewinnt an Wissen; wen sie noch dicht bedeckt, der ist unwissend; und wer sie gänzlich abgestreift hat, der ist weise, ja allwissend. Es hat jederzeit allwissende Menschen gegeben, und es wird, dessen dürfen wir sicher sein, immer wieder solche geben; und in künftigen Zeiten werden es ihrer ungezählte Mengen sein. Wie der Funke im Feuerstein vorhanden ist, so ruht Wissen im Inneren des Menschen. Der Hinweis, die Gelegenheit, ist die Reibung, die es hervorbringt. Deshalb können wir feststellen, wenn wir uns ruhig in uns versenken, dass alle unsere Gefühle und Taten – unsere Tränen wie unser Lächeln, unsere Freuden wie unsere Kümmernisse, Lachen und Weinen, Verdammung und Gnade, Lob und Tadel –, alle diese Regungen durch verschiedenartige Anstöße von außen in uns wachgerufen wurden. Was sich daraus ergibt, das sind wir. Alle diese Anstöße zusammengenommen nennen wir Karma – Wirken, Tun. Jeder geistige oder physische Schlag, den wir empfangen, durch den sozusagen der Funke in uns geweckt wird und bei dem man die eigene Macht, das eigene Wissen entdeckt, ist Karma – hier in seinem weitesten Sinne gemeint. So schaffen wir unser Leben lang Karma. Ich spreche zu jemandem – das ist Karma. Der andere lauscht – das ist Karma. Wir atmen – es ist Karma. Wir gehen – Karma. Alles, was wir im Körper oder im Geist tun, ist Karma und hinterlässt seine Spuren in uns.

Es gibt gewisse Taten, die gleichsam die Gesamtsumme einer großen Anzahl kleinerer Taten sind. Wenn wir an der Küste des Meeres stehen und die Wogen gegen das Gestein schlagen hören, so empfinden wir das als ein großes Geräusch. Doch wissen wir, dass eine Woge aus einer Unzahl winziger Wellen besteht, von denen jede einzelne ein Geräusch hervorruft, das wir aber nicht aufnehmen. Erst wenn sie sich zu einer großen Einheit zusammentun, können wir sie hören. So ist auch jeder Pulsschlag des Herzens eine Tat. Gewisse Arten von Taten empfinden wir und können sie erfassen, doch sind sie immer schon ein Aggregat, die Anhäufung einer Menge von kleinen Taten. Will man den wahren Charakter eines Menschen wirklich erkennen und beurteilen, dann darf man nicht nur auf seine großen Taten schauen. Jeder Narr kann in gewissen Zeiten zum Helden werden. Große Begebenheiten wecken selbst im niedrigsten aller menschlichen Wesen eine Art von Größe; doch nur derjenige besitzt wahrhaft diese Größe, der stets gleich groß ist, wo immer er sich auch befinden mag.

Karma und seine Auswirkung auf den Charakter ist die bedeutendste Macht, mit welcher der Mensch sich zu befassen hat. Der Mensch ist gleichsam ein Zentrum, das alle Kräfte des Universums an sich zieht, sie alle miteinander in sich verschmilzt und sie in einem großen Strom wieder aussendet. Dieses Zentrum ist der wahre Mensch, der allmächtige, der allwissende. Das gesamte Universum kehrt sich ihm zu Gutem und Bösem, Glück und Unglück, alles rinnt zu ihm hin und hängt sich ihm an. Aus diesem gewaltigen Ganzen formt er dann den mächtigen Strom seiner Neigungen, den man Charakter nennt, und er sendet ihn nach außen. Wie er die Kraft hat, alles an sich zu ziehen, so ist es ihm auch gegeben, alles auszuströmen.

Das gesamte Wirken in der Welt, das wir wahrnehmen, alle Regungen des menschlichen Lebens, alles, was rings um uns geschieht, ist nichts anderes als die Entfaltung der menschlichen Gedanken, die Manifestierung des menschlichen Willens. Maschinen, Instrumente, Städte, Boote oder Kriegsschiffe – all das ist eine Kundgebung des menschlichen Willens. Dieser Wille wird durch den Charakter hervorgerufen, und der Charakter seinerseits wurde geformt vom Karma. Wie das Karma ist, so fällt die Kundgebung des Willens aus. Menschen mit einem machtvollen Willen, die in diese Welt geboren wurden, waren und sind immer kraftvolle Arbeiter. Sie sind große Seelen, die über einen so mächtigen Willen verfügen, dass sie Welten bewegen können, einen Willen, den sie sich in unablässiger, jahrtausendelanger Arbeit erworben haben. Ein derart überragender Wille, wie der eines Buddha oder eines Jesus, konnte nicht in einem einzigen Leben erlangt werden, denn wir kennen die Beschaffenheit ihrer Väter. Soweit wir wissen, haben diese ihre Väter nicht ein einziges Wort gesprochen, das die Menschheit vorwärts gebracht hätte. Ungezählte Zimmerleute, wie Joseph einer war, sind dahingegangen, ungezählte leben noch. Viele unbedeutende Könige, wie Buddhas Vater einer war, hat es auf dieser Welt gegeben. Wenn es sich nur um einen Fall von Vererbung gehandelt hätte, wie käme dann ein so bedeutungsloser Fürst, dem wahrscheinlich nicht einmal die eigenen Diener gehorcht haben, dazu, einen Sohn hervorzubringen, den die Hälfte der ganzen Erde anbetet? Wie könnte man sich die Kluft zwischen dem einfachen Zimmermann und seinem Sohn erklären, den Millionen von Menschen als Gott verehren? Die Vererbungstheorie ist keine auch nur annähernd erschöpfende Antwort auf diese Fragen. Dieser gigantische Wille, den Buddha und Jesus über die Erde ausströmen, woher stammt er? Woher kommt diese überwältigende Ansammlung von Macht? Seit Menschengedenken muss sie dagewesen und allmählich angewachsen sein, bis sie sich von einem Buddha, einem Jesus aus über die Menschheit ergießen und ihre Wellen bis auf den heutigen Tag versenden konnte.

Anlass zu alledem ist das Karma, das Tun. Nur das, was wir erworben haben, besitzen wir; das ist ein ewiges Gesetz. Manchmal werden wir wohl versucht sein zu denken, dem sei nicht so; doch mit der Zeit anerkennen wir die Wahrheit dieses Satzes. Mag ein Mensch auch sein Leben lang um Reichtum kämpfen und Tausende dabei betrügen; schließlich muss er doch einsehen, dass er es nicht verdient hat, reich zu werden, und sein Leben als sinnlos empfinden. Wir können Dinge anhäufen zu unserem physischen Genuss; aber nur das, was wir verdienen, ist wirklich unser. Mag ein Narr alle Bücher der Welt aufkaufen und in seine Bibliothek stellen, wirklich lesen kann er doch nur diejenigen, die ihm zukommen; und was ihm zukommt, wird vom Karma bestimmt. Unser Karma entscheidet, was wir verdienen und was wir uns zu eigen machen können. Wir sind verantwortlich für das, was wir sind; denn wir haben die Macht, das zu sein, was wir zu sein wünschen. Ist das, was wir jetzt sind, das Ergebnis unserer einstigen Taten, so können wir daraus schließen, dass das, was wir in Zukunft sein werden, durch unser heutiges Wirken hervorrufen können. Deshalb müssen wir wissen, wie wir zu handeln haben. Man kann hier einwenden und sagen: »Was hat es für einen Sinn, das Wirken zu erlernen? Jeder wirkt doch ohnehin auf seine Weise in der Welt.« Wohl wahr, aber es gibt auch so etwas wie Kraftvergeudung. Karma-Yoga, so sagt die Gita, ist Handeln mit Überlegung, ist Wirken als Wissenschaft. Durch bewusstes und geschultes Handeln erzielt man die besten Ergebnisse. Stets muss man dessen eingedenk sein, dass alles Wirken dazu beiträgt, der Macht im Inneren, die bereits vorhanden ist, zum Ausdruck, der Seele zum Erwachen zu verhelfen. Diese Macht und ebenso das Wissen sind in jedem Menschen vorhanden. Die verschiedenen Handlungen des Menschen sind wie Anrufe, die diesen in ihm schlummernden Riesen veranlassen, sich zu regen und zu erwachen.

Der Mensch handelt aus verschiedenen Beweggründen. Es gibt keine Tat ohne Motiv. Mancher will Ruhm erwerben – deshalb arbeitet er um des Ruhmes willen. Ein anderer wünscht sich, Geld zu haben – deshalb arbeitet er für Geld. Manche streben nach Macht – deshalb arbeiten sie darauf hin, Macht zu erlangen. Wiederum andere wünschen sich, in den Himmel zu kommen, und wirken in diesem Sinne. Viele wollen einen Namen hinterlassen, wenn sie sterben, wie das zum Beispiel in China üblich ist, wo niemand vor seinem Ende einen Titel bekommt, eine Sitte, die wahrscheinlich vernünftiger ist als die Titelverleihung bei uns. Wenn jemand etwas Außergewöhnliches vollbringt, so wird seinem verstorbenen Vater oder seinem Großvater ein Adelstitel verliehen. Manche arbeiten hierfür. Mitglieder gewisser mohammedanischer Sekten streben ihr Lebtag lang danach, sich ein riesiges Grabmal errichten lassen zu können. Bei anderen Sekten ist es Sitte, bereits für das soeben zur Welt gekommene Kind ein Grab zu bereiten. Dies gilt ihnen als die wichtigste Pflicht, die der Mensch zu erfüllen hat. Je größer und prunkvoller dieses Grab ist, desto höher wird dieser Mensch eingeschätzt. Andere vollbringen eine Handlung aus

dem Motiv der Sühne. Nachdem sie unausgesetzt Böses begangen haben, errichten sie einen Tempel oder machen Priestern
eine Schenkung, um sich loszukaufen und einen Freipass für
den Himmel zu erlangen. Sie glauben, dass solche Wohltaten sie
reinwaschen und ihnen helfen werden, trotz ihrer Verbrechen
straffrei davonzukommen. Dieses sind einige der unendlich vielen Beweggründe, die Anlass geben, zu arbeiten und zu wirken.

Arbeitet um der Arbeit willen! Einige wenige gibt es – und
sie sind das Salz der Erde in jedem Land –, die um der Arbeit
willen wirken, die es nicht gelüstet nach Titeln und Ruhm, nicht
einmal nach dem Himmel. Sie arbeiten einzig und allein deswegen, weil daraus Gutes hervorgeht. Andere gibt es, die den Armen Wohltaten erweisen und der Menschheit aus noch edleren
Motiven helfen, denn sie glauben an die gute Tat und lieben das
Gute. Der Beweggrund, Namen oder Ruhm zu erwerben, zeitigt
nur selten unmittelbaren Erfolg. Diese Dinge erlangen wir, wenn
wir bereits alt sind und schon fast mit dem Leben abgeschlos-
sen haben. Der Mensch aber, der, ohne ein selbstsüchtiges Ziel
vor Augen zu haben, arbeitet, erreicht er denn gar nichts? Doch,
ihm wird das Höchste zuteil. Selbstlosigkeit lohnt immer mehr
als Eigennutz, nur haben die meisten nicht genügend Geduld,
sie zu üben. Auch vom Standpunkt des persönlichen Wohlerge-
hens aus ist sie lohnender. Liebe, Wahrheit und Selbstlosigkeit
sind nicht nur leere Worte, sie sind vielmehr die höchsten Ideale,
denn in ihnen tut sich eine große Macht kund. Vor allem hat
der Mensch, der imstande ist, einige Tage oder auch nur einige
Minuten lang ohne den geringsten selbstsüchtigen Beweggrund
zu wirken, ohne den Gedanken an die Zukunft, den Himmel,
an Strafe oder irgendetwas dieser Art, in sich die Fähigkeit, ein
machtvoller Gigant auf dem Gebiet der Ethik zu werden. Solch
ein selbstloses Handeln ist nicht leicht, doch im tiefsten Inneren
unseres Herzens kennen wir seinen Wert und das Gute, das es
hervorbringt. Dieser Zwang, diese Selbstüberwindung, ist der
größte Kraftbeweis des Menschen. Selbstbeherrschung zeugt
von weit größerer Macht als alle äußerlich sichtbare Tat. Der

Lenker eines mit vier Pferden bespannten Wagens kann sein
Gefährt ungehemmt über einen Hügel hinunterrasen lassen,
oder aber er kann die Pferde zügeln. Was ist die größere Kundgebung von Macht, sie frei laufen zu lassen oder sie zu bändi-
gen? Jede von uns ausgehende Energie, die einem selbstsüchtigen Zweck nachjagt, ist vergeudet; denn sie ruft keine Kraft
hervor, die zu uns zurückkehrt. Wird sie jedoch beherrscht und
gezügelt und ist frei von Eigennutz, dann trägt sie zur Förderung
der eigenen Macht bei. Selbstbemeisterung, so heißt der Weg,
der zu machtvollem Willen, zum großen Charakter führt, wie er
einem Buddha oder einem Jesus eigen war. Narren kennen dieses Geheimnis nicht, wünschen aber, dessen ungeachtet, über
die Menschheit zu herrschen. Aber selbst ein Tor kann Kräfte
entwickeln, die genügten, die ganze Welt zu regieren, wenn er
arbeitet und sich Zeit lässt. Möge er ein paar Jahre verstreichen
lassen, in denen er sich bemüht, dem törichten Wunsch nach
Herrschaft Einhalt zu gebieten. Wenn dieser Gedanke in ihm
völlig geschwunden ist, wird er eine Macht sein in der Welt. Die
meisten von uns haben nicht die Gabe vorauszuschauen. Wir
sind wie Tiere, die kaum ein paar Schritte weit sehen. Nur ein
kleiner, enger Kreis – das ist unsere Welt. Es mangelt uns an
Geduld, weiter zu schauen, über diese enge Grenze hinaus, und
deshalb handeln wir unsittlich und böse. Alle unsere irrigen,
üblen Taten sind nichts anderes als unsere Schwäche, unsere
Machtlosigkeit.

Auch die niedrigste Form der Arbeit darf nicht verachtet wer-
den. Möge derjenige, der es nicht besser weiß, aus selbstsüchti-
gen Gründen, des Namens oder des Ruhmes wegen, arbeiten.
Doch sollte jeder danach streben, die Beweggründe zu seinen
Handlungen immer mehr zu veredeln und sie zu verstehen: »Auf
Arbeit haben wir ein Recht, doch nicht auf deren Früchte.«[1]
Kümmert euch nicht um die Früchte! Warum sorgt ihr euch
um die Ergebnisse? Wollt ihr einem Menschen helfen, so tut es,

---

1 Paraphrasierung eines Verses aus der Bhagavad-Gita.

ohne daran zu denken, wie dieser Mensch sich zu euch verhalten sollte. Will man ein großes und gutes Werk vollbringen, so darf man sich mit dem Gedanken an die günstigen Folgen dieser Tat nicht aufhalten.

Intensivste Arbeit ist notwendig. Wir müssen immer erschaffen. Nicht für den Bruchteil einer Sekunde können wir leben, ohne zu wirken. Arbeit, in deren rasendem Wirbel wir stehen – das ist die eine Seite des Lebens. Doch gibt es noch eine andere, die ruhige, verzichtende Zurückgezogenheit. Alles ringsum ist friedvoll, kaum ein Geräusch erhebt sich, nichts anderes gibt es als die Natur mit ihren Tieren, Blumen und Bergen. Doch täuschen wir uns nicht – keines dieser beiden Bilder ist vollkommen. Gerät ein Mensch, der an Einsamkeit gewöhnt ist, in Kontakt mit jenem ungestümen Strudel der Arbeit, so wird er davon zermalmt, so wie der in den Tiefen des Meeres beheimatete Fisch zerfallen müsste, käme er in die oberen Gewässer, weil er da des Wasserdrucks beraubt wäre, der ihn zusammengehalten hat. Wer aber in der Unruhe und dem ständigen Ansturm des Lebens zu Hause ist, könnte der sich an einem unbelebten, stillen Ort wirklich wohlfühlen? Die Stille würde ihm zur Qual werden, die Ereignislosigkeit wäre eine Last für sein Gemüt. Jeder dieser beiden Menschentypen ist einseitig. Der wahre, der ideale Mensch entwickelt, umgeben von größter Stille und Einsamkeit, intensivste Aktivität und findet inmitten intensivster Aktivität die Stille und Einsamkeit der Wüste. Das Tor der Selbstbemeisterung hat er durchschritten und ist Herr über sich. Er kann durch die verwirrenden Straßen einer Stadt mit ihrem Menschen- und Wagenverkehr gehen und ruhigen Gemütes bleiben, als befände er sich in einer Höhle, und ebenso gut in einer Höhle leben, wohin nicht das leiseste Geräusch zu dringen vermag, und doch in ständiger Aktivität bleiben. Das ist das Ziel von Karma-Yoga. Ist man dort angelangt, so hat man das Geheimnis der Arbeit entschleiert.

Doch stehen wir noch am Anfang. Wir müssen die Aufgaben hinnehmen, wie sie uns entgegenkommen, und darauf achten, dass wir uns mit jedem Tage immer selbstloser machen. Wir müssen unsere Arbeit tun und die bewegende Kraft zu erkennen suchen, die uns antreibt. Fast ausnahmslos werden wir dabei in der ersten Zeit entdecken, dass unsere sämtlichen Motive selbstsüchtig sind. Doch allmählich wird diese Selbstsucht an der Glut unserer Beharrlichkeit schmelzen, und wir werden fähig sein, wirklich uneigennützige Werke zu verrichten. Wir dürfen, wenn wir uns auf den verschlungenen Pfaden des Lebens vorwärtskämpfen, mit Recht hoffen, dass, eines fernen oder nahen Tages vielleicht, auch für uns die Zeit der völligen Selbstlosigkeit kommen wird. Im gleichen Augenblick, da wir solches erreicht haben, vereinen sich alle Kraftströme in uns, und die Erkenntnis, die unser Eigen geworden ist, wird sich offenbaren.

II

»JEDER IST GROSS
AN SEINEM EIGENEN PLATZ«

Nach der Samkhya-Philosophie besteht die Natur aus drei Kräften, die auf Sanskrit *sattva*, *rajas* und *tamas* heißen. In der physischen Welt manifestiert, sind diese drei das, was wir Gleichgewicht, Aktivität und Trägheit nennen. Tamas ist Dunkelheit und Tatenlosigkeit; Rajas ist Aktivität, die sich in Anziehung und Abstoßung ausdrückt; und Sattva ist das Gleichgewicht, der Ausgleich zwischen den beiden anderen.

In jedem Menschen sind diese drei Kräfte vorhanden. Manchmal überwiegt Tamas, die Trägheit. Wir werden faul, wollen uns nicht bewegen, sind untätig, irgendwelchen Gedanken oder gar völliger Gedankenlosigkeit verfallen. Zu anderen Zeiten herrscht die Tatkraft vor und wiederum zu anderen der ruhige Ausgleich zwischen diesen beiden. Nun hat bei den verschiedenen Menschen gewöhnlich eine dieser Kräfte ständig die Oberhand. Für den einen ist Untätigkeit, Unlust und Trägheit kennzeichnend, für einen anderen Tatendrang, Macht und Energieäußerung; und bei einem dritten finden wir Milde, Ruhe und Sanftmut, dank des Gleichgewichtes zwischen Tätigkeit und Untätigkeit. In allen Geschöpfen dieser Erde – sowohl in Tieren und Pflanzen als auch im Menschen – erkennen wir die mehr oder weniger typischen Manifestationen dieser drei so verschiedenen Kräfte.

Karma-Yoga befasst sich ganz besonders mit diesen drei

Faktoren. Indem es uns lehrt, was sie sind und wie wir sie anzuwenden haben, wird uns geholfen, unsere Arbeit besser zu verrichten. Die Stufen der menschlichen Gesellschaft sind verschieden. Wir alle kennen unsere Sittengesetze, wir alle wissen von Pflichten, doch müssen wir gleichzeitig erfahren, dass in den verschiedenen Ländern die Vorstellungen von dem, was anständig ist, stark voneinander abweichen. Was in dem einen Land als sittlich gilt, kann in dem anderen als völlig anstößig betrachtet werden. Zum Beispiel dürfen in manchen Ländern Verwandte untereinander heiraten. In anderen ist dies streng verpönt. In dem einen Land darf ein Mann sich ohne weiteres mit seiner Schwägerin vermählen; im nächsten verstößt das gegen strengste Gesetze. In einem Land darf man nur einmal heiraten, in einem anderen so oft man will. Auch auf allen anderen Sittengebieten kommen wir immer wieder zu der Feststellung, dass sich die Regeln je nach Land stark voneinander unterscheiden. Dennoch haben wir das Empfinden, es müsse eine universell gültige Norm geben.

Ebenso steht es mit der Pflicht. Der Begriff von Pflicht wandelt sich gewaltig innerhalb der verschiedenen Nationen. In diesem Land wird man, wenn ein Mensch gewisse Dinge zu tun unterlässt, behaupten, er handele falsch, während man in jenem, wo er diese Dinge tut, sagen wird, er verstoße gegen seine Pflicht. Auch die einzelnen Gesellschaftsklassen haben ihre voneinander abweichenden Begriffe von Pflicht. Trotzdem wissen wir, dass es einen überall gültigen Begriff von Pflicht geben muss. Zwei Meinungen stehen nun einander gegenüber: Die des Unwissenden, der glaubt, es gäbe nur eine einzige Art der Wahrheit und alles andere sei falsch, und die des Weisen, der zugibt, dass Pflichten und Sitten der geistigen Stufe, auf der wir stehen, und den verschiedenen Gesellschaftsschichten, in denen wir leben, angepasst sein und sich deshalb weitgehend voneinander unterscheiden müssen. Immer wieder muss darauf hingewiesen werden, wie wichtig die Erkenntnis ist, dass Pflicht und Sitte je nach Land und Lebensstatus verschiedene Formen annehmen. Die Pflicht des einen braucht nicht unbedingt die Pflicht des anderen zu sein.

Alle großen Meister haben gelehrt: »Widersetze dich nicht dem Übel«, und stimmten überein, dass Nicht-Widerstreben das höchste Ideal sei. Doch ist uns allen sehr wohl bewusst, wie rasch das ganze soziale Gefüge zerfallen müsste, käme heute eine gewisse Anzahl von uns auf den Gedanken, diesen Lehrsatz in die Praxis umzusetzen. Verbrecher würden unseren Besitz und unser Leben in ihre Gewalt bringen und mit uns tun, was ihnen gefällt. Räumte man auch nur einen einzigen Tag diesem Prinzip des Nichtwiderstrebens ein, es müsste zu Unheil und Chaos führen. Dennoch empfinden wir in den Tiefen unseres Herzens instinktiv die Wahrheit des Lehrsatzes: »Widersetze dich nicht dem Übel.« Die inneren Vorbedingungen zu seiner Ausführung zu erlangen, scheint uns das höchste Ideal zu sein. Aber ausschließlich diese Doktrin zu lehren, hieße, einen großen Teil der Menschheit zum Untergang zu verurteilen. Überdies würde diese Lehre dem Menschen das lähmende Gefühl einflößen, alles, was er tue, sei falsch, und ihn bei seinen sämtlichen Handlungen in Gewissenszweifel stürzen sowie seine Tatkraft schwächen. Solche Selbstmissachtung hätte mehr Übel zur Folge, als irgendeine andere Schwäche verursachen könnte. Dem Menschen, der beginnt, sich selbst zu verachten, hat sich das Tor zum Niedergang bereits aufgetan. Das Gleiche gilt auch für ganze Nationen.

Eine unserer erhabensten Pflichten besteht darin, uns selbst zu achten. Wollen wir vorwärtskommen, so müssen wir vor allem an uns selbst glauben und somit an Gott; denn wer nicht an sich selbst glaubt, kann auch niemals an Gott glauben.

Die einzige Alternative, die uns verbleibt, ist: Anzuerkennen, dass Pflicht und Sitte unter verschiedenen Lebensbedingungen verschieden gewandet sein müssen. Es ist nicht so, dass derjenige, der dem Übel widerstrebt, etwas tut, das an sich immer und überall falsch ist, sondern dass es, je nach den Umständen, denen er unterworfen ist, sogar seine heilige Pflicht sein kann, sich mit aller Kraft gegen das Übel zu wehren.

Beim Lesen der Bhagavad-Gita mögen wohl viele in den westlichen Ländern mit höchstem Staunen dem zweiten Kapitel gefolgt sein, worin Sri Krishna den jungen Arjuna einen Heuchler und Feigling nennt, weil er sich weigert, zu kämpfen oder auch nur Widerstand zu leisten, sondern einwendet, unter seinen Gegnern befänden sich Freunde und Verwandte, und zur Rechtfertigung seines Verhaltens den Satz einwirft, Nichtwiderstreben sei das höchste Ideal der Liebe.

Hier ist der Augenblick, einen wichtigen Satz auszusprechen, den man sich nicht tief genug einprägen kann: Stets und überall berühren sich die Extreme, in ihrer Wirkung unterscheiden sie sich nicht voneinander. Sind die Lichtwellen zu lang für unser Auge, so sehen wir sie nicht; sind sie zu kurz, nehmen wir sie auch nicht auf. Ist ein Ton zu tief für unser Ohr, so hören wir ihn nicht; ist er zu hoch, bleibt er uns gleicherweise unvernehmbar. Ebenso wenig können wir unterscheiden, ob eine Tat aus Stärke oder aus Schwäche geschieht. Der eine leistet keinen Widerstand, weil er schwach, träge und unfähig dazu ist; ein anderer hätte wohl Mut und Kraft, den drohenden Schlag abzuwehren, doch überwindet er sich, tut es nicht und segnet noch dazu seine Feinde. Wer sich aus Schwäche nicht widersetzt, begeht eine Sünde und kann aus seinem Nichtwiderstreben keinen Nutzen ziehen; des anderen Sünde wäre es gewesen, hätte er Widerstand geleistet. Buddha gab seinen Thron auf und verzichtete auf weltliche Würden – das war Entsagung. Aber bei der Armut des Bettlers kann man nicht von Entsagung sprechen, da er nichts aufzugeben hatte. Deshalb müssen wir uns stets genau erforschen, ehe wir von Nichtwiderstreben und höchster Liebe sprechen. Seien wir wach, seien wir ehrlich und fragen wir uns, ob wir über die Kraft verfügen, die der Widerstand erfordert. Dann erst, wenn wir sie haben und auf sie verzichten und nicht widerstreben, vollziehen wir die große Liebestat. Sind wir aber unfähig zur Abwehr und versuchen trotzdem, uns in den Irrglauben zu hüllen, wir handelten aus Motiven höchster Liebe, dann begehen wir im Gegensatz dazu die große Sünde der Unehrlichkeit. Arjuna wurde zum Feigling angesichts des mächtigen gegnerischen Heeres. Seine sich selbst täuschende Liebe verführte ihn, seiner Pflicht gegen König und Land nicht nachzukommen. Das war der Grund, warum Sri Krishna ihn einen Heuchler nannte. »Du sprichst wie ein Weiser, aber deine Taten verraten dich und zeigen dich als Feigling. Deshalb stehe auf und kämpfe!«

Das ist der zentrale Gedanke des Karma-Yoga. Ein Karma-Yogi ist derjenige, der begriffen hat, dass Nichtwiderstreben das höchste Ideal ist, der auch weiß, dass Nichtwiderstreben die größte Macht offenbart, wenn man sie wirklich besitzt, und der ebenfalls erfasst hat, dass das, was man den Widerstand gegen das Übel nennt, nur ein Schritt ist auf dem Weg zur Manifestation dieser höchsten Macht, nämlich des Nichtwiderstrebens. Doch solange man dieses höchste Ideal noch nicht erreicht hat, ist es Pflicht und Gebot, sich dem Übel zu widersetzen. Möge der Mensch wirken, kämpfen und sich mit voller Kraft verteidigen. Dann erst, wenn er in sich die Kraft zum Widerstand hat, wird Nichtwiderstreben zur Tugend.

Ich begegnete einmal in meiner Heimat einem Mann, der mir von früher her als ein dummer, dumpfer Mensch in Erinnerung war, der nichts wusste und auch nicht den Wunsch hatte, etwas zu erfahren und das Leben eines unvernünftigen Tieres führte. Dieser Mann nun fragte mich, was er tun solle, um Gott zu erkennen und sich selbst zu befreien. »Kannst du lügen?«, fragte ich ihn. »Nein«, antwortete er. »Dann musst du es lernen. Es ist besser, lügen zu können, als wie ein dumpfes Tier zu leben oder wie ein Stück Holz. Du tust nichts, bestimmt hast du jedoch den höchsten Stand, der jenseits von aller Tätigkeit liegt und die Ruhe und Gelassenheit selbst ist, noch nicht erreicht. Du bist sogar zu träge, etwas Böses zu tun.« Dies war natürlich ein sehr extremer Fall, und ich habe in meiner Antwort mit dem Mann ein wenig gescherzt. Was ich aber wirklich meinte, ist dies: Der Mensch muss aktiv sein, um über die Aktivität hinaus zur vollkommenen Ruhe zu gelangen.

Untätigkeit sollte auf alle Fälle vermieden werden. Tätigkeit bedeutet stets Widerstand. Wehrt dem Übel, dem geistigen wie dem leiblichen. Habt ihr erfolgreich widerstanden, dann wird Ruhe über euch kommen. Es ist sehr einfach, zu sagen: »Hasse niemanden, widerstehe nicht dem Übel.« Wir wissen sehr genau, was gewöhnlich in der Praxis hinter solchen Worten steht. Sind die Augen der Welt auf uns gerichtet, dann tun wir gelegentlich wohl so, als lebten wir in völliger Gelassenheit, während in Wirklichkeit unser Herz sich verzehrt vor Unruhe. Wir fühlen, wie sehr es uns an der Ruhe des Nicht-Widerstrebens mangelt; wir fühlen, dass es für uns besser wäre zu widerstreben. Jemand, der nach Reichtum strebt, aber gleichzeitig weiß, dass die ganze Welt denjenigen, den es nur nach Schätzen gelüstet, für einen verachtenswerten Menschen hält, wagt es vielleicht nicht, sich in den Kampf um die weltlichen Werte zu stürzen. Doch sein Herz ist tagaus, tagein damit beschäftigt, Reichtum zu erjagen. Dies ist Heuchelei und führt zu keinem Ziel. Möge er sich mit vollem Schwung in das Getriebe der Welt stürzen. Nach einiger Zeit, wenn er alles genossen und erlitten hat, was es an Glück und Not gibt, wird der Verzicht über ihn kommen und Ruhe in ihm einziehen. Möge er sich seinen Wunsch nach Macht und allem anderen erfüllen. Nennt er schließlich wirklich das sein Eigen, wonach er gestrebt hat, dann wird die Zeit kommen, da er weiß und erkennt, dass Macht und Besitz nichtig sind. Doch ehe er seinem Verlangen nicht nachgegeben hat, ehe er nicht durch den Zustand der Aktivität gegangen ist, hat er keine Möglichkeit, in den Bereich der Ruhe, der heiteren Gelassenheit, der Selbsthingabe zu gelangen. Der Gedanke der Gelassenheit und des Verzichts ist viele tausend Jahre alt und wird ebenso lange gepredigt. Dennoch begegnen wir nur wenigen, die diesen Zustand der Losgelöstheit wirklich erlangt haben. Ich weiß nicht, ob ich, wenngleich mir mehr als die Hälfte dieser Erde bekannt ist, im Laufe meines Lebens zwanzig Menschen angetroffen habe, denen Ruhe und Nichtwiderstreben etwas Selbstverständliches ist.

Jeder Mensch sollte sich ein eigenes Ideal formen und danach streben, es zu erreichen. So schreitet er sicherer vorwärts, als wenn er den Idealen anderer nachlebt, die zu erreichen er niemals hoffen kann. Fordern und erwarten wir zu viel von einem Menschen, so handeln wir wie einer, der einem Kind befiehlt, zwanzig Meilen weit zu gehen. Entweder muss es unterwegs aufgeben oder sterben. Schleppt es sich aber wirklich diese zwanzig Meilen weit, dann kommt es völlig erschöpft und halb tot am Ziel an. Solche Anforderungen pflegen wir an die Welt zu stellen. Die Menschen aller Gesellschaftsschichten sind unterschiedlich begabt. Sie haben nicht den gleichen Verstand, die gleiche Fähigkeit oder Möglichkeit, eine gestellte Aufgabe zu erfüllen. Ihre Ziele können nicht die gleichen sein. Keinem kommt es jedoch zu, irgendeines dieser gestellten Ziele mit verächtlichem Auge zu betrachten. Jedermann soll nichts anderes als sein Bestes tun, um sein eigenes Ideal, sein eigenes Ziel zu erreichen. An keinen Menschen kann man den Maßstab eines anderen anlegen. Vom Apfelbaum erwartet man etwas Anderes als von der Eiche. Will man die Güte eines Apfelbaumes beurteilen, so muss man von der Norm des Apfelbaumes ausgehen, und bei der Beurteilung einer Eiche die Norm in Betracht ziehen, die ihr zukommt.

Einheit in der Verschiedenheit, das ist der Plan der Schöpfung. Wie sehr die Menschen sich auch im Einzelnen voneinander unterscheiden mögen, eine Einheit verbindet sie doch. Die verschiedenen Charaktere und Klassen der Menschen sind natürliche Variationen der Schöpfung. Deshalb dürfen wir sie nicht nach einer feststehenden Norm beurteilen oder an alle die gleichen Forderungen stellen. Zwänge man alle Wesen, sich dasselbe Ziel zu stecken, so käme das einer Überforderung gleich, die sich als Selbstverachtung niederschlagen müsste und den Menschen hinderte, gut zu sein. Es ist vielmehr unsere Pflicht, jeden in seinem Streben nach Erlangung seines Ideals zu fördern und gleichzeitig zu versuchen, das eigene so weit wie möglich zu verwirklichen.

Aus der Ethik der Hindus entnehmen wir, dass diese Tatsache schon in alten Zeiten bekannt war. In ihren Schriften und Büchern über die Lehre der Ethik wurden für die verschiedenen Lebensphasen des Menschen – des Schülers, des Hausvaters und des Sannyasin (das ist ein Mensch, der auf die Welt verzichtet) – verschiedene Lebensregeln niedergelegt.

Das Leben jedes Individuums hat nach den Schriften der Hindus seine besonderen Pflichten, ganz abgesehen von den gemeinsamen, die der gesamten Menschheit auferlegt sind. Nach der Kindheit tritt der Hindu ins bewusste Leben als Schüler, dann heiratet er und wird Hausvater, und schließlich zieht er sich im Alter zurück, gibt die Welt auf und wird ein Sannyasin. Jedem dieser vier Lebensabschnitte obliegen gewisse Pflichten. Keine dieser Phasen ist im eigentlichen Sinne des Wortes der anderen überlegen. Das Leben des Verheirateten hat ebenso viel Größe wie das des Ehelosen, der sich frommen Werken gewidmet hat. Der König auf seinem Thron ist nicht größer und glorreicher als der Gassenkehrer unten auf der Straße. Nehmt ihm seinen Thron, lasst ihn die Arbeit des Gassenkehrers tun und seht, wie er sich dabei anstellt. Holt den Gassenkehrer herauf, setzt ihn auf den Thron und seht zu, wie er regiert. Es ist sinnlos, zu behaupten, derjenige, der sich von der Welt zurückgezogen hat, sei bedeutender als ein anderer, der in und mit der Welt lebt. Es ist viel schwieriger, in der Welt zu leben und dabei Gott zu dienen, als sie aufzugeben und ein freies, sorgloses Dasein zu führen. Die vier Stadien des Lebens in Indien wurden später auf zwei herabgesetzt – auf das des Hausvaters und das des Mönches. Dem Hausvater obliegen die Pflichten gegen die Familie neben denen des Bürgers, der Mönch hingegen ist verpflichtet, seine gesamte Kraft der Religion zu weihen, zu predigen und Gott zu dienen.

Einige Abschnitte aus dem Mahanirvana-Tantra, die dieses Thema behandeln, sollen nun beweisen, wie schwierig es für einen Mann ist, Hausvater zu sein und allen seinen Pflichten in vollem Umfang nachzukommen.

Der Hausvater soll ein gottergebenes Leben führen und die

Erkenntnis Gottes zum Ziel seines Lebens machen. Doch muss er beständig arbeiten und allen seinen Pflichten nachkommen. Die Früchte seiner Arbeit aber muss er Gott darbringen.

Es zählt zu den schwierigsten Dingen auf dieser Welt, zu arbeiten und sich nicht um Erfolg oder Misserfolg zu kümmern. Einem Menschen zu helfen und nicht dabei zu denken, dass dieser Mensch dankbar zu sein habe; ein gutes Werk zu tun und sich nicht darum zu scheren, ob es Ruf und Ruhm oder gar nichts einbringt. Selbst der schändlichste Feigling wird tapfer, wenn die Welt ihn rühmt. Ein Narr kann Heldentaten vollbringen, wenn ihm der Beifall der Menge sicher ist. Tut aber einer beständig Gutes, ohne sich um die Zustimmung und den Beifall seiner Mitmenschen zu kümmern, dann ist er der größten Aufopferung fähig, die man darbringen kann. Die Hauptpflicht des Haus-Vaters besteht darin, für den Lebensunterhalt zu sorgen, ohne bei dessen Erwerb zu lügen, zu betrügen oder anderen etwas zu nehmen. Niemals darf er dabei vergessen, dass sein Leben Gott gehört und dem Dienst an den Armen.

Da er weiß, dass Vater und Mutter die sichtbaren Stellvertreter Gottes sind, muss der Hausvater immer und auf jeden Fall bemüht sein, sie zufriedenzustellen. Sind Vater und Mutter zufrieden, so ist auch Gott mit diesem Menschen zufrieden. Nur derjenige ist wahrlich ein guter Sohn, der niemals seinen Eltern ein unehrerbietiges Wort gegeben hat.

Vor den Eltern darf man nicht scherzen und niemals Unruhe zeigen, noch Ärger oder Launenhaftigkeit. Vor Vater und Mutter muss das Kind sich tief verneigen, stehen bleiben in ihrer Gegenwart und sich erst niedersetzen, wenn es von ihnen dazu aufgefordert wird.

Wenn der Hausvater sich mit Speise, Trank und Kleidern versorgt, ohne darauf zu achten, ob seine Eltern, seine Kinder, seine Frau und die Armen damit versorgt sind, begeht er eine große Sünde. Vater und Mutter hat er sein Dasein zu verdanken, deshalb muss er freudig jede Mühe auf sich nehmen und ihnen Gutes erweisen.

Ebenso steht es mit den Pflichten gegen seine Frau. Niemals darf er seine Frau schelten, immer muss er sie hochachten, als wäre sie seine eigene Mutter. Selbst in den größten Schwierigkeiten und Mühen darf er vor ihr keinen Ärger zeigen.

Wer neben seiner Frau an eine andere denkt und diese andere auch nur in Gedanken berührt – der wandert in die dunkelste Hölle.

Vor Frauen darf er keine unschicklichen Reden führen und niemals mit seiner Macht prahlen. Er darf nicht sagen: »Ich habe dies getan, ich habe jenes getan.«

Der Hausvater muss seiner Frau Geld, Kleider, Liebe, Vertrauen und milde Worte geben und darf nichts tun, was sie erregen könnte. Der Mann, dem es gelungen ist, die Liebe einer keuschen Frau zu gewinnen, ist den Forderungen seiner Religion nachgekommen und besitzt alle Tugenden.

Nun folgen die Pflichten gegen die Kinder:

Der Sohn muss bis zu seinem vierten Jahr liebevollst erzogen, bis zu seinem sechzehnten sorgfältig unterrichtet werden. Wenn er zwanzig Jahre alt ist, muss man ihn mit einer Arbeit betrauen, und von da an soll der Vater ihn in aller Herzlichkeit als seinesgleichen behandeln. Auf die gleiche Weise soll die Tochter heranwachsen und mit größter Fürsorge ausgebildet werden; und wenn sie heiratet, soll der Vater ihr Schmuck und Vermögen mitgeben.

Außerdem hat der Hausvater Pflichten gegen seine Brüder und Schwestern, gegen die Kinder seiner Brüder und Schwestern, wenn sie arm sind, und gegen seine anderen Verwandten, seine Freunde und seine Diener. Dazu kommen die Pflichten gegen die Menschen im gleichen Dorf und gegen die Armen. Verfügt er über genügend Mittel und unterzieht sich nicht der Mühe, seinen Verwandten und den Armen reichlich davon abzugeben, dann ist er nicht mehr als ein unvernünftiges Tier und kein menschliches Wesen.

Übermäßige Liebe zu Speise, Kleidung, Körperpflege und Haartracht soll bekämpft werden. Der Hausvater soll reinen

Herzens und reinen Leibes, stets aktiv und immer arbeitswillig sein.

Vor seinen Feinden sei der Hausvater ein Held. Ihnen muss er Widerstand leisten. Er darf sich nicht in eine Ecke zurückziehen, klagen und sinnlose Reden über Nichtwiderstreben halten. Tritt er seinen Feinden nicht mutig gegenüber, so verletzt er seine Pflicht. Zu seinen Freunden und Verwandten aber muss er sanft sein wie ein Lamm.

Es ist die Pflicht des Hausvaters, den Bösen keine Achtung zu erweisen; denn wenn er die Bösen achtet, unterstützt er das Böse in der Welt. Verachtet er aber solche, die der Ehrerbietung würdig sind, dann begeht er einen großen Fehler. Auch darf er nicht überschwänglich sein in seinen Freundschaften. Er soll nicht umhergehen und überall Freundschaften schließen, sondern lange das Benehmen der Menschen, die er sich zu Freunden machen möchte, vor allem ihr Verhalten anderen gegenüber, studieren, über sie nachdenken und dann erst sie zu Freunden zu gewinnen suchen.

Von drei Dingen soll er nicht sprechen. Er soll nicht öffentlich seinen eigenen Ruhm verkünden. Er soll nicht seinen Namen oder seine Autorität anpreisen. Er soll nicht von seinem Vermögen sprechen oder von Dingen, die ihm unter vier Augen anvertraut wurden.

Er soll nicht sagen, er sei arm oder er sei reich – mit seinem Stand soll er nicht prahlen. Möge er seine Geheimnisse für sich behalten! Dies ist nicht nur weltklug, sondern gehört bereits zu den religiösen Pflichten. Beachtet er dies nicht, so wird man ihn für sittenlos halten.

Der Hausvater ist die Basis, die Stütze der Gesellschaft; er ist der Hauptverdiener. Die Armen und Schwachen, die Kinder und Frauen arbeiten nicht – sie alle leben vom Einkommen des Hausvaters. Deshalb gibt es viele Pflichten, die er zu erfüllen hat, und diese Pflichterfüllung muss ihm das Gefühl von Stärke geben und darf nicht den Gedanken in ihm aufkommen lassen, er vollbringe Dinge, die seines Lebensideals unwürdig seien.

Deshalb darf er, wenn er sich schwach gezeigt oder einen Fehler begangen hat, davon nicht in der Öffentlichkeit sprechen. Auch wenn er in Geschäfte verwickelt ist, von denen er weiß, dass sie misslingen werden, soll er darüber nicht reden. Solches Sichbloß-stellen ist nicht nur unerwünscht, sondern es schwächt ihn auch und macht ihn unfähig, den gesetzlichen Pflichten seines Lebens nachzukommen. Außerdem muss er mit aller Kraft danach stre-ben, zwei Dinge zu erlangen, erstens Wissen und zweitens Ver-mögen. Das ist seine Pflicht, und wenn er sie versäumt, ist er ein Nichts. Ein Hausvater, der sich nicht bemüht, ein Vermögen zu erwerben, verletzt die Sitte. Ist er träge und begnügt sich damit, ein müßiges Leben zu führen, verletzt er ebenfalls die gute Sitte, denn von ihm hängen Hunderte ab. Wird er aber reich, so ist Hunderten damit geholfen.

Gäbe es in einer Stadt nicht Hunderte, die nach Reichtum ge-trachtet und dadurch ein Vermögen erworben haben, wie stünde es dann mit der ganzen Zivilisation, der Armenunterstützung und allen großen Unternehmen?

Nach Reichtum zu trachten, ist in solch einem Falle nichts Schlechtes, denn er wird erworben, um wieder verteilt zu wer-den. Der Hausvater ist der Mittelpunkt des Lebens und der Gesellschaft. Ihm ist es eine Ehre, ein Vermögen zu erwerben und es auf vornehme Art auszugeben. Der Hausvater, der sich müht, auf gutem Wege und zum guten Zwecke reich zu werden, vollzieht praktisch das Gleiche zur Erlangung des Heils wie der Eremit in seiner Zelle, wenn er betet. Hier sehen wir nichts an-deres als die verschiedenen Aspekte der gleichen Tugend, näm-lich der Hingabe, der Selbstaufopferung, die von der Liebe zu Gott und allem, was Gottes ist, diktiert wird.

Vor allem muss der Hausvater darum besorgt sein, sich einen guten Namen zu erwerben; er darf nicht spielen, sich nicht in üble Gesellschaft begeben, darf niemals lügen und muss sich Mühe geben, nie seinen Mitmenschen das Leben zu erschwe-ren.

Der Hausvater muss die Wahrheit sagen, höfliche Rede führen

und jederzeit gefällig und entgegenkommend sein. Über die Angelegenheiten seiner Freunde darf er nicht sprechen.

Der Hausvater, der Zisternen gräbt, Bäume an den Wegrand pflanzt, Häuser errichtet für Mensch und Tier, der Straßen anlegt und Brücken baut, geht dem gleichen Ziel entgegen wie der bedeutendste Sannyasin.

Die Pflichten des Hausvaters nehmen also einen großen Raum ein in der Lehre des Karma-Yoga.

In dem genannten Werk finden wir auch folgenden Satz: »Wenn der Hausvater, der für sein Land und seine Religion kämpft, in der Schlacht fällt, so erreicht er das gleiche Ziel wie der Yogi durch Meditation.« Auch hier zeigt sich wieder, dass die Pflicht des einen nicht die Pflicht des anderen ist, gleichzeitig aber auch, dass weder die eine Pflicht herabwürdigt noch die andere erhebt, sondern jede ihren Platz hat und dort nur durch gewissenhafte Erfüllung dem Ziel näherbringt.

Ein Gedanke schält sich nun klar heraus: Wie verwerflich ist doch alle Schwäche! Diese Einstellung unserer Lehre ist wichtig und soll uns besonders am Herzen liegen, ob wir ihr in der Religion, der Philosophie oder bei der Arbeit begegnen. Liest man in den Veden, so wird man immer wieder auf das Wort »Furchtlosigkeit« stoßen. Fürchtet nichts! Furcht ist ein Zeichen von Schwäche. Möge der Mensch seinen Pflichten nachgehen, ohne sich vor Hohn und Spott der Welt zu fürchten.

Hat ein Mensch sich von der Welt zurückgezogen, um Gott zu dienen, so darf er deswegen von denen, die in der Welt leben und zum Wohle der Welt arbeiten, nicht glauben, sie seien gottlose Wesen. Ebenso wenig haben jene, die für die Welt, für Frau und Kinder leben, das Recht anzunehmen, die anderen, die der Welt entsagt haben, seien wertlose Tagediebe. Jeder ist groß an seinem eigenen Platz. Diesen Satz möchte ich durch eine Geschichte erläutern.

Es lebte einmal ein König, der alle Sannyasins, die in sein Land kamen, zu fragen pflegte: »Wer ist der Größere – der allem entsagt und ein Sannyasin wird oder der in der Welt lebt und die

Pflichten des Hausvaters erfüllt?« Viele weise Männer mühten sich, diese Frage richtig zu beantworten. Manche behaupteten, der Sannyasin sei der Größere, woraufhin der König sie bat, ihren Entscheid zu beweisen. Da sie dazu nicht imstande waren, befahl er ihnen, zu heiraten und Hausvater zu werden. Sagten andere: »Der Hausvater, der seine Pflichten getreulich erfüllt, ist der Größere«, dann verlangte der König auch von diesen einen gültigen Beweis. Weil sie ihm diesen nicht liefern konnten, hieß er sie ebenfalls, sich als Hausvater niederzulassen.

Schließlich kam ein junger Sannyasin, und der König stellte auch ihm die übliche Frage. Der Jüngling antwortete: »Jeder, oh König, ist gleich groß an seinem eigenen Platz.« »Beweise mir das!«, verlangte der König. »Das werde ich tun«, sagte der junge Sannyasin, »aber du musst erst mit mir kommen und eine Zeit lang so leben wie ich, damit ich dir beweisen kann, was ich behauptet habe.« Der König erklärte sich damit einverstanden, verließ sein Land und folgte dem Sannyasin nach. Sie durchreisten viele andere Länder, bis sie in ein großes Königreich kamen. In der Hauptstadt dieses Reiches fand gerade ein feierlicher Brauch statt. Der König und der Sannyasin vernahmen Trommelgeräusch und Musik und hörten die Stimmen der öffentlichen Ausrufer. Auf den Straßen hatte sich in festlichen Gewändern das Volk eingefunden und lauschte der Proklamation, die soeben gemacht wurde. Der König und der Sannyasin blieben stehen, um zu erfahren, was hier vorgehe. Die öffentlichen Ausrufer verkündeten laut, dass die Prinzessin, die Tochter des Herrschers über dieses Land, sich unter den hier versammelten Männern einen Gemahl auszuwählen gedenke.

Es war ein alter Prinzessinnenbrauch in Indien, sich auf solche Weise einen Mann zum Gatten zu erwählen. Jede Prinzessin hegte einen anderen Lieblingstraum von der Art des Mannes, den sie sich zum Ehegemahl wünschte. Die eine wollte sich nur dem Stattlichsten vermählen, den es gab; eine andere trug Verlangen nach dem Weisesten, wieder eine andere nach dem Reichsten. Deshalb schickte die junge Fürstin, die sich zu vermählen gedachte, Boten aus, die ihre Absicht verkündeten. Alle Prinzen der Nachbarschaft warfen sich in ihr Prunkgewand und fanden sich alsbald bei ihr ein. Manche brachten ihren eigenen Ausrufer mit, der die Vorzüge seines Herrn aufzählte und die Gründe anführte, warum dieser zu hoffen wagte, die Wahl der Prinzessin werde auf ihn fallen. Die Prinzessin aber wurde, höchst herrlich angetan, auf ihrem Thron umhergetragen, ließ die Augen über ihre Bewerber gleiten und lauschte den Anpreisungen der Ausrufer. Gefiel ihr nicht, was sie sah und hörte, so sagte sie zu ihren Trägern »Geht weiter!« und schenkte den zurückgewiesenen Freiern keine weitere Beachtung. Wurde aber durch einen das Gefallen der Prinzessin erregt, so warf sie ihm eine Blumengirlande um den Hals und machte ihn zu ihrem Gemahl.

In der Stadt, die der König und der Sannyasin soeben betreten hatten, begann nun eben diese erregende Zeremonie. Die Prinzessin, die sich einen Gatten zu wählen gedachte, war die lieblichste auf der ganzen Welt, und ihr künftiger Gemahl sollte nach dem Tod ihres Vaters zum Herrscher über das ganze Land gesetzt werden. Nun hatte die junge Fürstin in ihrem Herzen beschlossen, ihre Hand nur einem makellos schönen Mann zu geben, vermochte aber unter allen Anwesenden keinen zu entdecken, der ihr wirklich gefiel. Schon mehrmals waren solche Versammlungen für sie einberufen worden, doch nie hatte sie sich zur Wahl entschließen können. Dieses heutige Treffen war nun das prunkvollste von allen; mehr Menschen als je waren herbeigeeilt. Die Prinzessin saß auf ihrem Thron, und die Diener trugen sie von einer Stelle zur anderen. Wieder sah es so aus, als könne sie an keinem Gefallen finden, und jedermann war enttäuscht, weil auch diese Versammlung ein Misserfolg zu werden drohte. Gerade da kam ein junger Mann daher, ein Sannyasin, schön wie die zur Erde herabgestiegene Sonne, blieb stehen und beobachtete, was hier vorging. Der Thron der Prinzessin näherte sich ihm, und kaum hatte sie den herrlichen Jüngling erblickt, als sie anhalten ließ und ihm die Girlande um den Hals warf. Der junge Sannyasin ergriff sie, schleuderte sie von sich und rief: »Was soll dieser Scherz? Ich bin ein Mönch. Könnte mir die Ehe etwas bedeuten?« Der König des Landes glaubte, der Jüngling sei vielleicht arm und wage deshalb nicht, sich um die Prinzessin zu bewerben. Deshalb sagte er zu ihm: »Der Gatte meiner Tochter erhält das halbe Königreich jetzt und das ganze nach meinem Tode.« Und er nahm die Girlande und hängte sie dem jungen Mönch abermals um den Hals. Doch wieder nahm der Jüngling sie ab und sagte: »Nein, nein. Mein Sinn steht nicht nach Weib und Macht«, und entfernte sich rasch von der Versammlung.

Die Prinzessin aber war bereits in heller Liebe zu diesem schönen Menschen entbrannt und rief: »Dieser soll mein Gemahl werden, sonst muss ich sterben.« Also stieg sie vom Thron und folgte dem Jüngling nach, um seine Liebe zu gewinnen. Da forderte der andere Sannyasin, der den König hierher gebracht hatte, diesen auf: »Komm, König, wir wollen diesem Paar nachgehen.« Das taten sie auch, blieben aber immer ein gutes Stück Weges hinter den beiden zurück. Der junge Mönch, der die Hand der Prinzessin ausgeschlagen hatte, wanderte viele Meilen weit ins Land. Als er an einen Wald kam und hineinging, folgte ihm die Prinzessin auch dahin nach. Nun war dieser junge Sannyasin wohl vertraut mit diesem Wald und kannte alle auch noch so verschlungenen Pfade darin. Er betrat einen davon und war plötzlich verschwunden. Nirgends konnte die Prinzessin ihn mehr entdecken, wohin sie auch schaute. Nachdem sie stundenlang versucht hatte, ihn wiederzufinden, setzte sie sich unter einen Baum und begann zu weinen, denn sie hatte sich verirrt und kannte nicht den Weg zurück. Da langten unser König und der andere Sannyasin an, traten zu ihr und sagten: »Weine nicht! Wir werden dich auf den richtigen Weg bringen. Jetzt aber ist es auch für uns zu dunkel, als dass wir ihn finden könnten. Hier, unter diesem großen Baum, wollen wir ausruhen, früh am Morgen aufbrechen und dir den Heimweg zeigen.«

Nun wohnte in einem Nest auf diesem Baum ein kleiner Vogel mit seinem Weibchen und seinen drei Jungen. Dieser kleine Vogel schaute hinunter, sah die drei Menschen unter dem Baum und sagte zu seinem Weibchen: »Liebste, was sollen wir tun? Gäste sind im Haus. Es ist Winter, und sie haben kein Feuer.« Dann flog er fort, brachte ein Stückchen glimmenden Holzes im Schnabel mit und ließ es vor den Gästen zu Boden fallen. Diese taten Reisig hinzu und machten ein loderndes Feuer. Doch der kleine Vogel war noch nicht zufrieden. Wieder sagte er zu seinem Weibchen: »Liebste, was sollen wir tun? Wir haben nichts, was wir den Leuten zu essen geben könnten, und sie müssen hungrig sein. Wir sind die Wirte. Es ist unsere Pflicht, jeden zu speisen, der in unser Haus kommt. Ich muss tun, was ich kann, deshalb werde ich ihnen meinen Leib geben.« So ließ er sich mitten in das lodernde Feuer fallen und kam darin um. Die Gäste bemerkten seinen Sturz und versuchten, ihn zu retten; aber er war viel schneller gewesen als sie.

Als die Frau des kleinen Vogels sah, was ihr Gatte getan hatte, sagte sie: »Drei Menschen sitzen da und haben nur einen einzigen kleinen Vogel zu essen. Das ist zu wenig. Es ist meine Pflicht als Gattin, darauf zu achten, dass die Bemühungen meines Mannes keine vergeblichen seien; deshalb sollen diese Leute auch meinen Leib haben.« Auch sie ließ sich ins Feuer fallen und verbrannte.

Als nun die drei Jungen sahen, was geschehen war und dass die drei Gäste immer noch nicht genug zu essen hatten, sagten sie: »Unsere Eltern haben getan, was sie konnten, und doch ist es noch nicht genug. Es ist daher unsere Pflicht, das Werk unserer Eltern fortzuführen und gleichfalls unsere Leiber hinzugeben.« Und auch sie stürzten sich hinunter in die Flammen.

Tief betroffen von dem, was sie gesehen hatten, konnten die drei Menschen natürlich diese Vögel nicht essen. Sie verbrachten daher die Nacht ohne Mahl. Am Morgen zeigten König und Sannyasin der Prinzessin den Weg, und sie ging heim zu ihrem Vater.

Da sprach der Sannyasin zum König: »Nun hast du gesehen, mein König, dass jeder an seinem eigenen Platz groß sein kann. Wenn du in der Welt leben willst, so sei wie diese Vögel, bereit, dich jederzeit für andere aufzuopfern. Willst du aber der Welt entsagen, so handele wie jener junge Mönch, dem selbst die schönste Prinzessin und ein ganzes Königreich nichts bedeuten konnten. Ziehst du es vor, Hausvater zu sein, so mache aus deinem Leben ein Opfer zum Wohle der anderen. Wählst du aber das Leben des Verzichts, dann darfst du keinen Blick haben für Schönheit, Geld und Macht. Jeder ist groß an seinem eigenen Platz, aber die Pflichten des einen sind nicht die Pflichten des anderen.«

III

DAS GEHEIMNIS DER ARBEIT

Wer seinem in äußere Not geratenen Mitmenschen physische Hilfe zuteil werden lässt, tut gewiss etwas Gutes. Je größer die Not ist und je länger sie gebannt wird, desto größer ist die Hilfeleistung. Kann Not auf eine Stunde beseitigt werden, so ist dem Leidenden bestimmt geholfen. Kann man sie ein Jahr lang beheben, so ist die Hilfe größer. Ist man aber imstande, einen Menschen für alle Zeiten von seiner Not zu befreien, so ist das die größte Hilfe, die geboten werden kann. Äußere Hilfe reicht dazu nie aus. Einzig Erkenntnis vermag unser Elend auf immer zu verscheuchen. Alles andere sättigt unsere Bedürfnisse nur auf kurze Zeit. Allein durch die Vermittlung geistiger Werte ist die Möglichkeit gegeben, die Bedürftigkeit des Menschen aufzuheben und ihn wunschlos zu machen. Hilft man also einem Menschen geistig und seelisch, so hat man ihm die größte Hilfe geboten, die man ihm zukommen lassen kann. Wer geistiges Wissen verschenkt, ist der größte Wohltäter der Menschheit; denn das Geistige ist die Basis aller Aktivität im Leben. Ein geistig und seelisch gesunder und starker Mensch vermag, sobald er es will, auch in jeder anderen Beziehung stark zu sein. Solange nicht geistige Kraft im Menschen ist, können auch seine physischen Nöte nicht auf die Dauer beseitigt werden. Erkenntnis zu schenken, ist wertvoller als die Gabe von Speise und

Trank, ja selbst als das Geschenk des Lebens; denn das wahre Leben des Menschen ist Erkenntnis. Unwissenheit ist Tod, Erkenntnis ist Leben. Das Dasein ist von geringem Wert, wenn es im Dunkeln tappt und sich mühselig vorwärts tastet durch Unwissenheit und Elend. Deshalb müssen wir, wenn wir uns mit der Frage des Helfens befassen, stets vorsichtig den Irrtum vermeiden, äußere Hilfe als die einzige anzusehen, die wirklich imstande ist, Not zu tilgen. Sie ist vielmehr die geringste, denn sie kann niemals zur dauernden Zufriedenheit führen. Die Not, die der Mensch verspürt, wenn er hungrig ist, wird durch Speise gestillt, aber der Hunger kehrt wieder. Not kann nur dann wirklich enden, wenn Geist und Seele den Zustand jenseits aller Wünsche erlangt haben. Dann ist Hunger nicht mehr fähig, elend zu machen, noch vermögen Kummer und Traurigkeit ins Innere zu dringen. Deshalb ist die Hilfe, die darauf gerichtet ist, uns geistig und seelisch stark zu machen, die größte. Danach kommt die intellektuelle und dann erst die physische Hilfe.

Wir haben nun gesehen, dass durch physische Hilfe allein die Not der Welt nicht behoben werden kann, und solange sich die menschliche Natur nicht geändert hat, werden physische Nöte immer wieder aufkommen. Die einzige Lösung dieses Problems besteht in der Wandlung und Läuterung des Menschen. Unwissenheit ist die Mutter allen Übels und aller Not, die wir ringsum sehen. Wird der Mensch erleuchtet, wird er geläutert, geistig und seelisch erzogen und dadurch gestärkt, dann allein verschwindet die Not aus der Welt, nur dann und nicht vorher. Wir können noch so viele Sammlungen veranstalten, Wohltätigkeitsorganisationen ins Leben rufen und den Staat mit Hospitälern anfüllen – die Not des Menschen besteht so lange weiter, bis der menschliche Charakter sich durch Erkenntnis von Grund auf gewandelt hat.

Immer wieder weist die Bhagavad-Gita darauf hin, dass es unsere heilige Pflicht ist, unentwegt zu arbeiten. Nun ist jedes Tun, jedes Wirken seiner Natur nach zusammengesetzt aus Gut und Böse. Wir können nichts tun, ohne dass sich unsere Tat irgendwo als etwas Gutes auswirkt. Andererseits gibt es auch keine Tat, von der nicht etwas Zerstörerisches ausginge. Jede Arbeit ist daher notwendigerweise eine Mischung von Gut und Böse; dennoch ist uns mit allem Nachdruck anbefohlen, unaufhörlich zu arbeiten. Sowohl das Gute als auch das Böse hat seine Folgen und bringt Karma hervor. Die gute Tat wird uns in überwiegendem Maße ihre guten Auswirkungen hinterlassen, die böse Tat ihre bösen. Doch beides, sowohl das Gute als auch das Böse, macht unsere Seele zum Sklaven. Da es nun in der Natur der Arbeit liegt, uns Fesseln anzulegen, findet die Gita folgende Lösung: Wenn wir uns nicht an die Arbeit, die wir tun, verhaften, dann schwindet ihre bindende Wirkung auf unsere Seele. Wir wollen nun zu erfassen versuchen, was unter dem Begriff des »Nichtverhaftetseins« zu verstehen ist.

Einer der Grundgedanken in der Gita ist dieser: Arbeite unaufhörlich, aber binde dich nicht an deine Arbeit. Samsara kann ziemlich genau mit »innewohnende Tendenz« übersetzt werden. Wenn wir für unser Inneres das Bild eines Sees nehmen, so können wir sagen: Jede Woge, jede kleinste Kräuselung hinterlässt, auch wenn sie sich beruhigt hat, eine Spur auf unserem psychischen Organismus und die Möglichkeit, zurückzukommen. Diese Spur mit der Möglichkeit des Wiederkommens ist das, was man unter *samsara* versteht. Jede Arbeit, die wir tun, jede Bewegung, die unser Körper vollzieht, jeder Gedanke, den wir denken, hinterlässt solch eine Spur, eine Einkerbung in unserem Inneren, und wenn diese Einkerbungen auch nicht äußerlich bemerkbar werden, so sind sie doch so stark, dass sie unter der Oberfläche ihre Wirkung tun. Was wir in jedem Augenblick sind, wird bestimmt von den Spuren auf unserem psychischen Organismus. Die Gesamtsumme dieser Einkerbungen aus unserem ganzen vergangenen Leben machen unser Wesen aus. Gerade das ist es, was man Charakter nennt. Herrschen die guten Eindrücke vor, so wird der Charakter gut, überwiegen die schlechten, so wird er schlecht. Wenn ein Mensch unausgesetzt böse Worte hört, böse Gedanken hegt, böse Taten vollzieht, dann ist sein psychischer Organismus übersät von üblen Einkerbungen, die seine Gedanken und Taten beeinflussen, ohne dass er sich dessen bewusst wird. Tatsächlich sind diese Spuren dauernd am Werk, und ihre Einwirkungen müssen von Übel sein. Dieser Mensch muss schlecht werden, er kann dieser Folge gar nicht entrinnen. Die Gesamtsumme dieser Einkerbungen lässt in ihm mächtige Beweggründe entstehen, Böses zu tun. Überwiegen jedoch die guten Spuren, so zwingen diese den Menschen, selbst gegen seinen Willen, Gutes zu vollbringen. Hat ein Mensch so viele gute Taten begangen und so viele gute Gedanken gedacht, dass in ihm die unbezwingliche Neigung besteht, Gutes zu tun, dann wird, selbst wenn die Absicht in ihm aufkäme, eine böse Tat zu vollziehen, sein Inneres, oder besser gesagt die gesamte Kraft seiner Neigungen, ihm dies nicht gestatten. Sie wird ihn davon zurückhalten, denn er steht vollkommen unter dem Einfluss seiner guten Neigungen. Ist dies der Fall, so kann man sagen: Der gute Charakter dieses Menschen ist gefestigt.

So standhaft wie die Schildkröte, die Kopf und Füße in ihre Schale zurückzieht und nicht wieder zum Vorschein kommen lässt, mag man sie locken, quälen oder in Stücke reißen, ist der Charakter dessen, der Herr ist über seine Motive und sein Gemüt. Er meistert seine eigenen inneren Kräfte, und nichts kann sie gegen seinen Willen zwingen oder hervorlocken. Durch den unausgesetzten Reflex guter Gedanken entstehen ständig gute Spuren in unserem Inneren, wodurch die Neigung, Gutes zu tun, so stark wird, dass wir als Folge davon imstande sind, die *indryas* (d. h. die Sinnesorgane, die Nervenzentren) zu beherrschen. Dies allein kann den Charakter festigen, nur auf diese Weise gelangt der Mensch zur Wahrheit. Dann ist er geborgen für alle Zeiten. Nie mehr ist er imstande, etwas Böses zu tun, mag man ihn auch in die schlechteste Gesellschaft bringen. Er ist nicht mehr in Gefahr.

Es gibt noch etwas Höheres als die Erlangung guter Neigungen, und das ist das Streben nach Befreiung. Vergessen wir nicht, dass Freiheit das Ziel aller Yogas ist. Doch führen beide

Bestrebungen zum gleichen Ergebnis. Auch durch Wirken allein vermag der Mensch dorthin zu gelangen, wohin Buddha vor allem durch Meditation kam und Jesus durch Gebet. Buddha war ein schaffender Jnani, Jesus ein Bhakta; und doch gelangten beide ans gleiche Ziel.

Nun folgt ein etwas schwieriger Gedanke. Befreiung heißt völlige Freiheit – Freiheit von der Fessel des Guten wie von der Knechtschaft des Bösen. Eine goldene Kette ist ebenso sehr eine Kette wie eine eiserne. In meinem Finger steckt ein Dorn, und ich benutze einen zweiten, um den ersten herauszuholen. Ist dies gelungen, dann werfe ich beide weg. Es besteht keine Notwendigkeit für mich, den zweiten aufzuheben, denn schließlich sind beide nichts anderes als Dornen. Ebenso muss den schlechten Tendenzen durch die guten entgegengearbeitet werden. Die schlechten Einkerbungen in uns werden von den Wellen der guten hinweggespült, bis alles, was von Übel ist, schwindet oder niedergehalten und beherrscht wird. Doch danach müssen wir auch über unsere guten Tendenzen hinauswachsen. So wird der Gebundene zum Freien. Schafft, aber gebt nicht zu, dass die Tat oder der Gedanke eine tiefe Einkerbung auf euer Inneres macht. Lasst die Wellen entstehen und verschwinden. Lasst eure Muskeln und euer Gehirn große Taten vollbringen, aber lasst eure Seele davon nicht tief beeindrucken.

Wie kann man dies erreichen? Wir erfuhren, dass die Einkerbung jeder Tat, an die wir verhaftet sind, eine bleibende ist. Ich mag Hunderten von Menschen im Laufe des Tages begegnen, und unter diesen ist vielleicht ein Einziger, den ich liebe. Wenn ich mich nun des Abends zurückziehe und versuche, an alle Gesichter zu denken, die ich gesehen habe, wird nur dieses eine vor meinem inneren Auge aufsteigen – das Gesicht, das ich vielleicht nur für wenige Augenblicke geschaut habe, das ich aber liebe. Alle anderen werden dahinter verschwinden. Meine Verbindung zu diesem Menschen, meine Verhaftung an ihn, verursachte eine tiefere Einkerbung in mein Gemüt als sämtliche anderen Gesichter. Physiologisch sind alle Einkerbungen die gleichen gewesen. Jedes dieser Gesichter, die ich gesehen habe, wurde auf meiner Netzhaut widergespiegelt, das Gehirn hat das Bild aufgenommen, und doch ist die Wirkung auf mein Inneres nicht die gleiche. Die meisten waren vielleicht völlig neue Gesichter für mich, an die ich nie zuvor gedacht habe, aber gerade dieses eine, auf das ich nur einen kurzen, flüchtigen Blick habe werfen können, fand die Verbindung zu meinem Inneren. Vielleicht hatte ich seit Jahren sein Bild in mir bewahrt, kenne vielleicht unzählige Einzelheiten davon, und dieser neue Anblick hat in mir Hunderte von schlafenden Erinnerungen geweckt. Da diese eine Einkerbung sich wohl tausendmal öfter wiederholt hat als die der verschiedenen anderen Gesichter zusammen, ergab sich diese große Wirkung.

Deshalb seid »unverhaftet«. Lasst die Dinge wirken. Lasst eure Hirnsubstanz arbeiten. Arbeitet unaufhörlich, aber gebt nicht zu, dass auch nur die kleinste Welle Herr werde über euer Gemüt. Arbeitet, als wäret ihr Fremde in diesem Land, Tagelöhner. Arbeitet pausenlos, aber bleibt eurer Arbeit unverbunden! Fesseln sind etwas Schreckliches. Diese Welt ist nicht euer Heim, sie ist nur eine der vielen Stadien, die ihr zu durchlaufen habt. Seid eingedenk der großen Worte des Samkhya: »Die Gesamtheit der Welt ist für die Seele da, nicht die Seele für die Welt.« Es gibt nur einen einzigen Grund, warum die physische Natur existiert, und das ist die Erziehung der Seele. Keine andere Bedeutung steht dahinter. Sie ist da, weil die Seele der Erkenntnis bedarf und sich erst durch Erkenntnis befreien kann. Wenn wir dies nicht vergessen, werden wir der Welt nie verhaftet sein, sondern wissen, dass sie ein Buch ist, in dem wir lesen müssen, und dieses Buch, sobald wir die erhoffte Erkenntnis daraus geschöpft haben, keinen Wert mehr für uns hat. Statt dessen aber identifizieren wir uns mit unserem Körper, welcher der physischen Natur angehört, und glauben, die Seele sei für den Leib da oder der Geist für das Fleisch. Um ein allgemein bekanntes Wort zu gebrauchen: Wir glauben, der Mensch »lebt, um zu essen« und nicht, er »isst, um zu leben«. Diesen Denkfehler begehen wir immer wieder. Wir halten unsere physische Natur für unser wahres Wesen und fühlen uns ihr verhaftet. Sobald es dann zu dieser »Verhaftung« kommt, findet eine tiefe Einkerbung in unserer Seele statt, die uns niederhält und uns arbeiten lässt, nicht wie Freie, sondern wie Knechte.

Der Kernpunkt dieser Lehre ist: Arbeitet wie der »Meister« und nicht wie der »Sklave«. Arbeitet unaufhörlich und verrichtet dennoch nicht Sklavenwerk! Seht ihr denn nicht, wie sie alle arbeiten? Niemand findet dabei die innere Ruhe. Nahezu die gesamte Menschheit plagt sich wie ein Sklave, und das Ergebnis davon ist Not. Denn das alles ist Arbeit aus Eigennutz. Arbeitet aus Freiheit! Arbeitet aus Liebe! Das Wort Liebe muss hier im rechten Sinne verstanden werden. Liebe kann dort nicht blühen, wo keine Freiheit ist. Im Sklavenstand ist keine wahre Liebe zur Arbeit möglich. Wenn ihr einen Sklaven kauft, ihm Ketten anlegt und ihn arbeiten heißt, dann schafft er wohl wie ein Packesel, aber Liebe ist nicht in ihm. Ebenso wenig kann Liebe in uns sein, wenn wir als Sklaven für die Werte dieser Welt arbeiten, denn unsere Arbeit ist nicht das wahre Schaffen. Dies bezieht sich ebenso auf Arbeit für andere, für Freunde oder Unbekannte, wie auch auf Arbeit für uns. Selbstsüchtige Arbeit bleibt Sklavenwerk. Doch jede freie Liebestat bringt Glück. Es gibt keine Tat der Liebe, die nicht in dem, der sie tut, Frieden und Seligkeit hervorriefe. Wahres Sein, wahres Wissen und wahre Liebe sind auf ewig miteinander verknüpft und bilden eine Einheit. Sie sind die drei Aspekte des »Einen ohne Zweiten[2]« – des absoluten Seins, des absoluten Wissens und der absoluten Liebe. Werden diese drei Aspekte relativ, so nehmen wir das Sein als Welt wahr. Das Wissen wird zum Wissen von den Dingen dieser Welt und die Seligkeit zur Basis aller Liebe, deren das Menschenherz fähig ist. Daher kann wahre Liebe nie-

---

2   Vivekananda bezieht sich hier auf die Vedanta-Lehre, wonach die Gottheit (Brahman) »Eines ohne Zweites« ist. Das Wesen Brahmans ist sat-cit-ananda, das heißt: sat = absolutes Sein, cit = absolutes Wissen, ananda = absolute Glückseligkeit.

mals Schmerz hervorrufen, weder beim Liebenden noch beim Geliebten. Nehmen wir folgendes Beispiel: Ein Mann liebt eine Frau. Er wünscht, sie ganz für sich zu haben, wacht eifersüchtig über sie, will, dass sie bei ihm sitzt, neben ihm steht, mit ihm isst und sich ganz nach seinen Wünschen richtet. Er ist der Sklave seiner Liebe und will die Frau zur Sklavin machen. Das ist nicht die wahre Liebe, sondern die krankhafte Gemütsbewegung eines Sklaven, die sich als Liebe verkleidet. Wahre Liebe kann es nicht sein, weil sie Schmerz hervorruft. Diese Empfindung hier versklavt, und tut die Frau nicht, was der Mann verlangt, so empfindet er Schmerz. Doch wahre Liebe ruft nicht nur keinen Schmerz hervor, sondern bewirkt Seligkeit. Wo Seligkeit sich nicht einstellt, dort ist nicht die wahre Liebe. Etwas anderes wird irrtümlicherweise für Liebe gehalten. Wenn ihr wirklich imstande seid, euren Gatten, eure Frau, eure Kinder, eure Freunde, die Menschheit, das ganze Universum so zu lieben, dass dadurch weder Schmerz, noch Eifersucht, noch irgendwelche selbstsüchtige Gefühle wachgerufen werden, dann habt ihr den wahren Zustand des Nicht-Verhaftetseins, der Freiheit, erlangt.

Krishna sagt: »Sieh mich an, Arjuna! Wenn ich nur für einen Augenblick zu wirken aufhöre, muss das ganze Universum zerfallen. Ich gewinne nichts durch meine Arbeit. Ich bin der einzige Herr. Weshalb also arbeite ich? Weil ich die Welt liebe.« Gott ist frei, weil er liebt. Wahre Liebe macht uns frei. Wo immer man Verhaftetsein findet, das Sichklammern an die Dinge der Welt, da erkennt man, dass alles, was für Liebe gehalten wird, nichts ist als die Anziehung gewisser materieller Partikel untereinander, etwas, das zwei Körper immer näher und näher zueinander zieht und das, wenn sie sich nicht nahe genug kommen können, Schmerz verursacht. Doch wo wahre Liebe ist, da schwindet die Bedingung physischer Nähe; wahre Liebende können tausend Meilen weit voneinander leben, ihre Liebe bleibt die gleiche, sie stirbt nicht und ruft kein Leid hervor.

Die Erlangung dieser Freiheit ist beinahe das Werk eines ganzen Lebens. Ist aber dieser Gipfel einmal erklommen, so haben wir das Ziel der Liebe erlangt und sind frei. Alle Fesseln fallen von uns ab, und wir sehen die Natur als das, was sie in Wirklichkeit ist. Sie schmiedet uns keine Ketten mehr. Völlig frei stehen wir da und kümmern uns nicht um die Früchte unserer Arbeit. Was schert es uns, wem die Früchte zufallen?

Fordert ihr von euren Kindern zurück, was ihr ihnen gegeben habt? Es ist eure Pflicht, für sie zu arbeiten, und Pflicht hat nichts zu fordern. Was immer ihr für einen Menschen tut, für eine Stadt, für einen Staat, habt dazu stets die gleiche Einstellung wie zu dem Wirken für eure Kinder: Erwartet nichts zurück. Wenn ihr unbeirrbar die Haltung des Gebenden wahrt, wobei alles, was durch euch gegeben wird, ein freiwilliges, ohne den Gedanken an Gegenleistung dargebrachtes Opfer an die Welt ist, dann zieht euer Wirken keine Bindung nach sich. Bindung besteht nur da, wo Gegenleistung erwartet wird.

Wenn Sklavenarbeit also Selbstsucht und Verhaftetsein zeitigt, so führt das Schaffen desjenigen, der Meister ist über sich selbst, zur Wonne der Freiheit. Doch jeder Gedanke an die Vergeltung des Guten, das wir tun, hindert unseren geistigen Fortschritt und macht uns unfrei und elend.

Zwei Beweggründe sind es, die das Verhalten des Menschen leiten: Gewalt und Barmherzigkeit. Ausübung der Gewalt ist ausnahmslos Betätigung der Selbstsucht. Die meisten versuchen, aus der Macht und der bevorzugten Stellung, die sie haben, so viel wie möglich Vorteil zu ziehen. Barmherzigkeit aber ist der Himmel selbst. Wir brauchen nur gut zu sein, dann kennen wir auch Erbarmen. Recht und Gerechtigkeit bekommen ihren wahren Sinn erst dann, wenn sie auf Barmherzigkeit fußen.

Vielen, die an einen persönlichen Gott glauben, hilft es auf dem Wege, den Gedanken der Barmherzigkeit und der selbstlosen Nächstenliebe in die Tat umzusetzen, wenn sie alle Arbeit als eine Art von Gottesdienst verrichten. Sie entsagen dadurch den Früchten ihrer Arbeit und weihen sie dem Herrn. Wer ihn auf diese Weise anbetet, der maßt sich kein Recht an, als Entgelt für getane Arbeit von der Menschheit etwas zu erwarten. Der Herr selbst arbeitet unaufhörlich und bleibt immer unverhaftet. Wie kein Wasser das Lotosblatt zu netzen vermag, so kann keine Arbeit den Selbstlosen binden, weil er nicht verhaftet ist an das Ergebnis der Arbeit. Wo immer der Selbstlose und Unverhaftete lebt, im Gewühl der Großstadt, in übler Gesellschaft – er bleibt frei, und nichts kann ihn beschmutzen.

Den Begriff von völliger Selbstaufopferung möge folgende Geschichte beleuchten: Nach der Schlacht von Kurukshetra brachten die fünf Pandava-Brüder ein riesiges Opfer dar und machten große Stiftungen für die Armen. Alle Menschen gaben ihrem Erstaunen über die Größe und Reichhaltigkeit dieser Gabe Ausdruck und behaupteten, solch ein Opfer habe die Welt noch nicht gesehen. Nach der Zeremonie der Darbringung jedoch kam ein kleiner Mungo daher, dessen eine Hälfte des Körpers golden, die andere braun war. Plötzlich begann er, sich auf dem Boden der Opferhalle hin und her zu wälzen. Dann stand er auf und sagte zu den Umstehenden: »Ihr alle seid Lügner. Das ist gar kein wirkliches Opfer.« »Was?«, riefen die Leute aus, »du sagst, das sei kein wirkliches Opfer? Weißt du denn nicht, wie viel Geld und Schmuck unter die Armen verteilt wurde, und dass alle jetzt reich und glücklich sind? Es war vielmehr das großartigste Opfer, das ein Mensch je dargebracht hat.« Aber der Mungo schüttelte den Kopf und erzählte dann diese Geschichte: »Es gab einmal ein kleines Dorf, in dem ein Brahmane wohnte mit seinem Weib, seinem Sohn und seines Sohnes Weib. Sie waren sehr arm und lebten von den kleinen Gaben, die man ihnen für Predigen und Lehren reichte. Als aber das Land von einer dreijährigen Hungersnot heimgesucht wurde, hatte der arme Brahmane mehr denn je zu leiden. Schließlich, als die Familie schon seit Tagen gehungert hatte, brachte der Vater eines Morgens ein wenig Mehl nach Hause, das er glücklicherweise hatte erhalten können, teilte es in vier Teile und gab jedem Mitglied der Familie den seinen. Sie bereiteten sich davon ein Mahl. Gerade als sie zu essen beginnen wollten, klopfte es an die Tür. Der Vater öffnete, und ein Gast stand auf der Schwelle. Nun ist in Indien ein Gast eine heilige Person, ja für den Augenblick ein Gott, und muss als solcher geehrt werden. Daher sagte der alte Brahmane: ›Tritt ein, oh Herr, du bist willkommen.‹ Und er setzte dem Gast seinen eigenen Anteil an dem Mahl vor, den dieser verschlang und dann sagte: ›Oh Herr, du hast mir Furchtbares angetan. Seit zehn Tagen hungere ich, und dieser kleine Bissen hat meinen Hunger nur noch verstärkt.‹ Da flüsterte die Frau ihrem Gatten zu: ›Gib ihm meinen Anteil.‹ Der Gatte aber weigerte sich, das zu tun. Doch die Frau bestand darauf und sagte: ›Hier ist ein armer Mann. Es ist unsere Pflicht als Hauswirte, darauf zu achten, dass er satt wird, und es ist meine Pflicht als Frau, ihm meinen Anteil zu geben, da du nichts mehr hast, das du ihm anbieten könntest.‹ Und sie gab dem Gast den ihren, den er verzehrte und dann von Neuem zu klagen anhub, er werde noch immer von Hunger zernagt. Da sagte der Sohn: ›So nimm denn auch den meinen. Es ist Sohnespflicht, dem Vater bei der Erfüllung seiner Obliegenheiten zu helfen.‹ Der Gast aß, blieb aber noch immer ungesättigt. Da gab ihm die Frau des Sohnes auch ihren Anteil. Nun war es genug. Der Gast erhob sich, murmelte einen Segensspruch und zog von dannen. In gleicher Nacht noch starben diese vier Menschen an Entkräftung. Ein paar Körner des Mehles waren auf den Boden gefallen, und als ich mich darin ein wenig wälzte, wurde die Hälfte meines Leibes davon golden, wie ihr sehen könnt. Seitdem habe ich die ganze Welt durchwandert, stets voller Hoffnung, ein zweites Opfer zu finden, das so groß ist wie dieses. Aber nirgends habe ich ein ebenbürtiges entdecken können: Nirgends ist die andere Hälfte meines Leibes zu Gold verwandelt worden. Und das ist der Grund, warum ich behaupte, dieses hier sei kein wirkliches Opfer.«

In einem englischen Lehrbuch steht eine kleine Erzählung, die Geschichte eines pflichteifrigen Sohnes, der auf Arbeit auszieht, vorher aber seiner alten Mutter etwas von seinem Geld zurücklässt. Diese Tat wird auf drei oder vier Seiten über die Maßen gepriesen. Was soll das heißen? Kein indischer Knabe könnte je die Moral dieser Geschichte verstehen. Sie wird einem erst klar, wenn man den westlichen Leitsatz kennt: Jeder sorge für sich selbst. Ja, es gibt Menschen, die alles für sich behalten und Vater, Mutter, Weib und Kinder vor die Hunde gehen lassen. Doch wird das wohl überall als ein Verstoß gegen die Nächstenliebe empfunden.

Was Karma-Yoga vom Menschen verlangt, ist dies: Selbst bei Todesgefahr jederzeit und jedermann zu helfen, ohne auch nur eine Frage zu stellen. Lasst euch tausendmal betrügen, fragt nicht danach und verschwendet keinen Gedanken an das, was ihr tut. Brüstet euch niemals mit den Gaben, die ihr den Armen zukommen lasst, noch erwartet Dankbarkeit von ihnen. Seid vielmehr ihnen dankbar, dass sie euch die Gelegenheit bieten, eure Nächstenliebe betätigen zu dürfen.

Nun ist es wohl klar geworden, dass die Aufgabe, ein idealer Hausvater zu sein, ebenso schwer ist wie die des idealen Sannyasin. Das wahre Leben der Arbeit und des Wirkens ist ebenso hart, wenn nicht noch härter, als das ebenso wahre Leben des Verzichts.

IV

WAS IST PFLICHT?

Für das Studium von Karma-Yoga ist es unerlässlich zu wissen, was Pflicht bedeutet. Bei eingehender Untersuchung zeigt es sich, dass der Mensch, je nach Alter, Land und Zeit, vor höchst verschiedenen, stark voneinander abweichenden Geboten steht. Der Mohammedaner sagt, was sein Buch, der Koran, befiehlt, sei Pflicht; der Hindu behauptet, das, was die Veden fordern, sei Pflicht; der Christ ist sicher, dass das, was die Bibel von ihm verlangt, Pflicht ist. Überall sehen wir, dass der Begriff Pflicht, je nach den verschiedenen Phasen des Lebens, den verschiedenen Zeitläufen der Geschichte und den verschiedenen Ländern, ein sehr vieldeutiger ist. Er lässt sich also – wie übrigens alle abstrakten Begriffe – unmöglich klar und eindeutig definieren. Wir können ihm nur näherkommen, indem wir uns mit seinen praktischen Auswirkungen und Ergebnissen befassen. Geschieht etwas vor unseren Augen, so haben wir den angeborenen oder anerzogenen Impuls, auf diese oder jene Weise zu reagieren. Gleichzeitig setzt der Verstand ein und überprüft die Situation. Doch muss er erkennen, dass das, was ihm unter den gegebenen Umständen heute als gute Tat erscheint, ihn morgen unter den genau gleichen Umständen eine schlechte und irrige dünkt.

Was ist es, das eine bestimmte Tat zur Pflicht macht? Findet ein hungernder Christ ein Stück Rindfleisch, durch dessen Genuss er sein Leben retten könnte, und isst es nicht und gibt es auch nicht einem anderen, der seinerseits dadurch in der Lage wäre, der Gefahr des Verhungerns zu entgehen, so wird das ganz sicher als Pflichtverletzung empfunden. Kein Hindu aber dürfte es wagen, dieses Stück Fleisch zu essen oder es einem anderen Hindu anzubieten, denn das wäre wieder für das Empfinden des Hindu eine schwere Verletzung der Pflicht. Seine Lehre und seine Erziehung bewirken es, dass er solcherweise reagiert.

Im vergangenen Jahrhundert hat es in Indien berüchtigte Räuberbanden gegeben, die sogenannten *thugs*. Sie hielten es für ihre Pflicht, jeden Menschen, dessen sie habhaft werden konnten, niederzumachen und sein Hab und Gut an sich zu reißen. Je größer die Zahl der Getöteten war, desto besser fanden sie sich selbst.

Im normalen Leben hat der Mensch, der plötzlich auf der Straße einen anderen niederschießt, in sich die Möglichkeit, diese Tat zu bereuen, in der Einsicht, etwas Unrechtes begangen zu haben. Der gleiche Mensch tötet als Soldat im Krieg nicht nur einen, sondern viele Menschen, ist stolz darauf und weiß genau, dass er seine Pflicht vortrefflich erfüllt hat.

Wir sehen aus diesen Beispielen, dass es nicht die begangene Tat ist, die uns den Begriff *Pflicht* näher umreißen könnte. Eine objektive Definition scheint also unmöglich. Doch gibt es noch die subjektive Seite, von der aus man die Pflicht betrachten kann, und so gesehen, ist jede Tat, die gottwärts führt, eine gute und deshalb unsere Pflicht, und jede Tat, die hinabzieht, ist von Übel und widerspricht deshalb unserer Pflicht. Subjektiv gesehen, können wir leicht erkennen, ob es im Wesen einer bestimmten Tat liegt, uns zu erhöhen und zu veredeln, oder ob sie dazu angetan ist, uns zu erniedrigen und unmenschlich zu machen. Doch dürfen wir niemals mit Sicherheit von uns auf andere schließen, denn die gleiche Tat kann sich bei einem Menschen in anderen Lebensumständen vollkommen anders auswirken. Im Allgemeinen kommt man dem Begriff der Pflicht wohl am nächsten, wenn man ihn folgendermaßen definiert: Pflicht ist das, was ein guter Mensch tut, wenn er dem Diktat seines Gewissens folgt. Doch gibt es einen ganz bestimmten Begriff von Pflicht, der von der gesamten Menschheit, in allen Zeitaltern, von allen Sekten und in allen Ländern als solcher anerkannt wird und der auf Sanskrit in einen Grundgesetz zusammengefasst ist: Füge keinem Wesen Leid zu. Wer kein Wesen verletzt, ist tugendsam. Wer kränkt, der sündigt.

Die Bhagavad-Gita weist häufig auf Pflichten hin, die sich aus Geburt und Lebenslage herleiten. Die geistige und sittliche Einstellung des Menschen zu dem, was Pflicht ist, wird weitgehend von seiner Geburt und seinem Stand im Leben bestimmt. Es ist deshalb unsere Pflicht, diejenigen Werke zu vollbringen, die uns erheben und veredeln und gleichzeitig im Einklang stehen mit den Idealen und dem Wirken der Gesellschaftsschicht, in die wir geboren wurden. Doch muss erneut darauf aufmerksam gemacht werden, dass nicht in allen Gesellschaftsschichten und in allen Ländern die gleiche Art des Wirkens und die gleichen Ideale maßgebend sind. Der Hauptgrund für den Hass, den eine Nation gegen eine andere empfindet, liegt in der Tatsache, dass wir uns dieser Verschiedenheit nicht ständig bewusst sind. Der Amerikaner meint, das, was er im Einklang mit den Sitten seines Landes tut, sei das einzig Richtige, und hält jeden, der diesen Sitten nicht nachkommt, für einen verdächtigen Schädling. Der Hindu glaubt, seine Sitten seien die wahren und besten in der Welt, und wer immer ihnen zuwider handelt, müsse ein Übeltäter sein. Zwar ist dies ein recht natürlicher Irrtum, dem mehr oder weniger jeder von uns verfällt, doch richtet er viel Schaden an und ist häufig die Ursache der Lieblosigkeit, der wir in der Welt begegnen.

Als ich zum ersten Mal nach Amerika kam und über das Gelände der Weltausstellung in Chicago ging, stieß jemand von hinten absichtlich gegen meinen Turban. Ich schaute mich um und sah, dass es sich um einen vornehm gekleideten Mann von guter Herkunft handelte. Da sprach ich ihn an. Kaum hörte er mich Englisch reden, als er auch schon ganz verlegen wurde.

Ein anderes Mal, auf der gleichen Ausstellung, versetzte mir ein Mann einen Stoß in die Seite. Als ich ihn fragte, warum er mich so übel behandele, fühlte auch dieser sich beschämt und stammelte als Entschuldigung: »Aber warum kleiden Sie sich auch so seltsam?« Die Sympathien dieser beiden Männer reichten nicht über die Grenzen ihrer Lebensart und ihrer Sprache hinaus. Alles Fremde war ihnen peinlich und nicht geheuer. Auf Grund dieses Vorurteils glauben etliche mächtige Nationen, sich das Recht nehmen zu dürfen, andere, schwächere zu unterdrücken. Das Nicht-Anerkennen anderer Sitten bringt leicht das Brudergefühl im Menschen zum Verlöschen. Der gleiche Mann, der mich gefragt hatte, warum ich mich so seltsam kleide, und der seinem Verlangen, mich meiner Kleidung wegen zu stoßen, nicht hatte widerstehen können, ist vielleicht ein liebevoller Ehemann, ein zärtlicher Vater und ein ehrenwerter Bürger; doch die guten Eigenschaften seiner Natur erschöpften sich beim Anblick eines Menschen in ungewohnter Kleidung. Überall wird der Fremde schlecht behandelt und ausgenützt, und nichts anderes ist schuld daran als das Unverständnis für seine Fremdheit. Deshalb tragen die meisten irrige Ansichten über die Völker nach Hause, die sie auf ihren Reisen gesehen haben. Weil man sie unverständig behandelt, verhalten sich Matrosen, Soldaten und Handelsleute in fremden Ländern oft so, wie sie es in ihren eigenen nie wagen dürften. Vielleicht nennen die Chinesen deshalb alle Europäer und Amerikaner »die fremden Teufel«. Hätten sie die guten Eigenschaften der im Westen Lebenden kennengelernt, so würde ihnen das bestimmt nicht einfallen.

Deshalb sollten wir uns immer bemühen, die Pflichten anderer durch deren Augen zu sehen und niemals ihre Sitten nach unseren Maßstäben zu messen. Der Einzelne ist nicht die Norm für das Universum. Die Welt muss sich nicht ihm, er muss sich der Welt anpassen. Wir sehen also, dass sich mit der Umgebung auch die Pflichten ändern und es das Beste ist, jederzeit jene Aufgaben zu erfüllen, die einem durch Umkreis und Erziehung auferlegt sind. Zuerst müssen wir der durch unsere Geburt bedingten Pflicht genügen und dann diejenige erfüllen, die uns aus unserer Stellung im Leben und in der Gesellschaft erwächst.

Leider haben die meisten Menschen eine große Scheu davor, sich selbst zu prüfen. Jeder hält sich für fähig, auf dem Thron zu sitzen und als König zu herrschen. Doch selbst wenn es so wäre, muss er zuerst beweisen, dass er die Pflichten seines eigenen Standes erfüllen kann, dann erst werden höhere Forderungen an ihn herantreten. Doch werden wir, sollten wir uns zu Beginn unserer Laufbahn in eine für unsere Anlagen zu hohe Stellung begeben haben, rasch genug von allen Seiten zurechtgestutzt und an den Platz gerückt, der unserer Begabung und Fähigkeit zukommt. Niemand kann sich lange auf einem Posten behaupten, für den er nicht geschaffen ist. Es hilft nichts, sich gegen die Entscheidung der eigenen Natur aufzulehnen. Wer geringere Arbeit verrichtet, ist deswegen noch lange nicht der geringere Mensch. Niemand darf nach der Art seiner Pflichten beurteilt werden, sondern einzig nach der Güte und Einstellung, mit der er sie erfüllt.

Später werden wir sehen, dass auch dieser Begriff von Pflicht sich wandelt und nur dann ein wirklich reines Werk getan wird, wenn sich an die Ausführung kein selbstsüchtiger Gedanke knüpft. Aber es ist die durch Pflicht gebotene Arbeit, die uns zu jener anderen führt, der keine Pflicht mehr befiehlt. Dann erst ist Arbeit zu Gebet – oder zu noch Höherem – geworden und wird um ihrer selbst willen ausgeführt. Die Pflichterfüllung an sich, ob sie nun auf ethischen Grundsätzen oder auf Liebe beruht, wird in jedem Yoga gleich bewertet, nämlich als Hilfsmittel, das niedrige Selbst des Menschen mehr und mehr aufzulösen, das wahre Selbst immer strahlender hervorleuchten zu lassen, sinnloses Kraftverschwenden auf dem tiefer liegenden Plan des Daseins zu vermindern und die Seele zu befähigen, sich auf dem höheren zu offenbaren. Dies ist nur zu erreichen, wenn man die Begierden bekämpft, und das ist es, was Pflichterfüllung aufs Strengste fordert. Nach diesem Grundsatz hat sich die gesamte menschliche Gesellschaft auf dem Gebiet von Tat und Erfahrung durch Pflichterfüllung und Beschränkung der Selbstsucht bewusst oder unbewusst hoch entwickelt und damit den Weg aufgetan zur Offenbarung der wahren menschlichen Natur in ihrer grenzenlosen Weite.

Pflicht ist selten etwas Leichtes. Doch salbt die Liebe ihre Härten, so verliert sie alle Rauheit und geht uns glatt und spielend von der Hand. Ohne Liebe aber ist sie eine ständige Reibung. Wie anders könnten Kinder-, Eltern- und Gattenpflichten erfüllt werden, wenn nicht die Liebe sie verklärte? Gibt es nicht täglich in unserem Leben genug Reibung? Pflicht wird nur durch Liebe leicht, und Liebe gedeiht nur in Freiheit. Darf man aber von Freiheit sprechen, wenn man der Sklave der Sinne, des Zornes, der Eifersucht und der unzähligen kleinlichen Regungen ist, mit denen wir jeden Tag unseres Lebens anfüllen? Wie viele Frauen, die ihrem eigenen reizbaren und eifersüchtigen Wesen untertan sind, versuchen, ihre Freiheit zu behaupten, indem sie ihre Männer tadeln, und merken nicht, dass sie dadurch nur ihre eigene tiefe Versklavung kundtun. Ebenso steht es mit den Männern, die ständig Fehler an ihren Frauen finden.

Reinheit ist die wichtigste Tugend bei Männern wie bei Frauen. Es gibt wenige Männer, mögen sie noch so tief gesunken sein, die nicht durch die Liebe einer reinen Frau auf den rechten Weg zurückgebracht werden könnten. Die Welt ist nicht so schlecht, wie man manchmal zu denken geneigt ist. Überall kann man über die Brutalität und Unkeuschheit der Männer klagen hören. Gibt es aber nicht ebenso viele böse und unkeusche Frauen? Wären alle Frauen so rein und keusch, wie ihre ständige Versicherung uns glauben machen möchte, dann gäbe es keinen einzigen unreinen Mann auf der Erde. Kann man ein Laster ersinnen, das nicht von Liebe und Reinheit besiegt würde? Eine gute, reine Frau, die mit Ausnahme ihres Gatten in jedem Mann ein Kind sieht und sich wie eine Mutter zu ihm verhält, strahlt durch ihre Reinheit eine solche Macht aus, dass jeder, auch der Brutalste, in ihrer Gegenwart den Atem der Heiligkeit verspürt. Gleicherweise soll jeder Mann in allen Frauen, außer seiner eigenen, eine Mutter, eine Schwester oder eine Tochter sehen. Wer aber die Lehren der Religion verbreitet, muss in allen Frauen die Mutter verehren und sich entsprechend zu ihnen verhalten.

Mutterschaft ist das höchste, was es auf der Welt gibt; denn als Mutter lernt und übt man die größte Selbstlosigkeit. Die Liebe Gottes ist die einzige, die über der Mutterliebe steht. Es ist die heilige Aufgabe und Pflicht der Mutter, vor allem an ihre Kinder und dann erst an sich zu denken. Selig der Mann, der imstande ist, in allen Frauen die Vertreterinnen göttlicher Mutterschaft zu sehen! Selig die Frau, für die der Mann die Gestalt gewordene Vaterschaft Gottes bedeutet! Selig die Kinder, die in ihren Eltern die auf Erden manifestierte Göttlichkeit erblicken!

Nur wenn wir die Pflichten erfüllen, die uns zunächst liegen, können wir uns über sie erheben und Kraft schöpfen zum Erklimmen der höchsten Gipfel.

Ein junger Sannyasin zog sich einmal für lange Zeit in einen Wald zurück, um dort zu meditieren, Gott anzubeten und Yoga zu üben. Nach Jahren harter Bemühung und Arbeit saß er eines Tages unter einem Baum, als ihm ein paar verdorrte Blätter auf den Kopf fielen. Er blickte hinauf und gewahrte eine Krähe und einen Kranich, die auf dem höchsten Wipfel des Baumes in Streit geraten waren. Das erregte seinen Zorn. »Was?«, sagte er, »ihr wagt es, mir verdorrte Blätter auf den Kopf zu werfen!« Als er bei diesen Worten voller Wut nach oben blickte, zückte ein Feuerblitz aus seinem Haupt – so groß war die Kraft dieses Yogis – und versengte die beiden Vögel zu Asche. Als er dies sah, war er erfreut, geradezu über alle Maßen entzückt, dass seine Macht bereits so weit reichte. Durch einen einzigen Blick aus seinen Augen hatte er also diese beiden Vögel zur Strecke bringen können. Nach einer Weile musste er in den nahen Ort gehen, um sich sein Brot zu erbetteln. Er machte sich auf, blieb vor einer Tür stehen und rief: »Mutter, gib mir etwas zu essen.« Aus dem Inneren des Hauses antwortete eine Stimme: »Warte ein wenig, mein Sohn!« Der Jüngling dachte: »Du elende Frau, wie kannst du es wagen, mich warten zu lassen.

Du kennst meine Macht noch nicht.« Er hatte diesen Gedanken noch nicht zu Ende geführt, als die Stimme sich abermals erhob und rief: »Mein Sohn, halte nicht allzu viel von dir. Hier gibt es weder Krähe noch Kranich.« Er staunte; und immer noch musste er warten. Schließlich trat die Frau aus dem Haus. Da fiel der Jüngling ihr zu Füßen und stammelte: »Mutter, woher weißt du?« Sie antwortete: »Mein Sohn, nichts weiß ich von deinem Yoga und deinen Übungen. Ich bin eine gewöhnliche Frau. Weil mein Gatte krank ist, habe ich dich warten lassen, da ich ihn gerade versorgen musste. Mein Leben lang habe ich mich bemüht, meine Pflicht zu tun. Als ich noch ein junges Mädchen war, erfüllte ich die Pflichten, die ich gegen meine Eltern hatte; seit ich verheiratet bin, die gegen meinen Mann. Daraus besteht mein ganzer Yoga, den ich ausübe; und doch konnte ich deine Gedanken lesen und wissen, was du im Wald getan hast. Wenn du aber Weiseres erfahren willst, dann gehe auf den Markt des nächsten Ortes; dort wirst du einen Vyadha[3] finden. Er ist imstande, Dinge zu lehren, die zu erfahren du dich glücklich schätzen kannst.« Der junge Mönch dachte: »Warum sollte ich dorthin gehen und noch dazu zu einem Vyadha?« Das aber, was ihm soeben begegnet war, hatte sein Herz ein wenig aufgetan, deshalb wanderte er doch in den Nachbarort. Als er ihn erreichte und zum Markt kam, sah er schon von weitem einen breiten, dicken Vyadha, der mit großen Messern Fleisch zerteilte und dabei mit mehreren Leuten sprach und feilschte. Der Jüngling dachte: »Herr, du mein Gott! Ist das der Mann, von dem ich etwas lernen könnte? Er ist, wenn überhaupt etwas, ein Fleisch gewordener Dämon.« Da schaute der Mann auf und sagte: »Bist du es, Swami, den diese Frau hergeschickt hat? Dann setze dich nieder, bis ich meine Arbeit beendet habe.« »Was widerfährt mir?«, dachte der Sannyasin und setzte sich. Der Mann fuhr mit seiner Arbeit fort, und als er damit fertig war, nahm er sein Geld und sagte zu dem Jüngling: »Komm, Herr, komm zu mir

---

3 Ein Angehöriger der untersten Kaste; Vyadhas leben als Jäger und Schlächter.

in mein Haus.« Dort angelangt, wies der Vyadha ihm einen Sitz
vor dem Haus an und sagte: »Warte hier!« Dann ging er hinein.
Drinnen wusch er seine alten Eltern, bereitete ihnen ein Mahl
und tat alles, was er konnte, um ihnen gefällig zu sein. Danach
kam er heraus zu dem Sannyasin und fragte: »Nun, Herr, der du
zu mir gekommen bist, was kann ich für dich tun?« Der junge
Mönch legte ihm ein paar Fragen vor über die Seele und über
Gott, und der Vyadha ließ ihn Einblick haben in eine Lehre, die
einen Teil des Mahabharata[4] ausmacht und die man Vyadha-
Gita nennt. Sie gehört zu den höchsten Gedankenflügen des
Vedanta. Als der Vyadha schwieg, war der junge Mönch aufs
Tiefste erschüttert und fragte: »Warum aber lebst du in diesem
Leib? Du mit deiner hohen Weisheit, warum steckst du denn im
Körper eines Vyadha und verrichtest diese hässliche Arbeit?«
»Mein Sohn«, erwiderte der Vyadha, »es gibt keine hässliche
oder unreine Arbeit. Durch meine Geburt lebe ich in dieser Umgebung und in diesen Verhältnissen. Als Knabe schon erlernte
ich dieses Gewerbe. Doch bin ich frei von Banden und bemühe
mich, meine Pflicht auf's Beste zu erfüllen. Ich versuche, ihr als
Hausvater nachzukommen und alles zu tun, was meine alten Eltern glücklich machen kann. Nichts weiß ich von deinem Yoga,
kein Sannyasin ist aus mir geworden, noch bin ich in den Wald
gezogen, um der Welt zu entsagen. Trotzdem ist mir all das,
was du gehört und gesehen hast, zuteil geworden, weil ich ohne
Bindung jene Pflichten erfülle, die mir die Umstände auferlegt
haben.«

In Indien gibt es einen Weisen. Er ist ein großer Yogi, einer
der herrlichsten Menschen, die mir je in meinem Leben begegnet sind, und ein seltsamer Mann. Er will nicht lehren. Wenn
man ihm eine Frage stellt, antwortet er nicht. Es ist zu viel für
ihn, als Lehrer zu wirken, da er aller Unterweisung völlig ab-
geneigt ist. Legt man ihm jedoch eine Frage vor und wartet ein
paar Tage, dann wird er im Laufe eines Gesprächs auf das ange-

---

4   Das größte indische Epos.

deutete Thema kommen und einem mit wenigen Worten wunderbare Klarheit vermitteln. Eines Tages hat er mir mit einem einzigen Satz das Geheimnis der Arbeit offenbart. Dieser Satz lautete: »Mache eines aus Ziel und Weg!« Verrichten wir eine Arbeit, so sollen wir an nichts anderes denken. Führt sie als Gebet, als höchste Andacht aus und weiht ihr jeweils eure ganze Lebenskraft.

In der soeben erzählten Geschichte erfüllten sowohl der Vyadha als auch die Frau ihre Pflichten mit heiterer Gelassenheit und von ganzem Herzen. Deshalb ist ihnen Erleuchtung zuteil geworden. Dies zeigt, dass die an jedem Punkt des Lebens geübte Erfüllung der Pflichten ohne Bindung an den Erfolg zur höchsten Vollendung der Seele führt.

Der an den Erfolg gebundene Arbeitende ist es, der über die durch das Schicksal ihm zugefallenen Pflichten murrt. Dem Freien sind alle Pflichten gleich lieb und nichts anderes als willkommene Werkzeuge, mit denen er Selbstsucht und Sinnlichkeit tilgen und die Freiheit der Seele erringen kann. Wir sind ständig geneigt, eine zu hohe Meinung von uns zu haben. Doch richten sich unsere Pflichten bei weitem mehr nach dem, was unserer Anlage und unseren Verdiensten zukommt, als wir es wahrhaben wollen. Ehrgeiz ruft Neid hervor und tötet die Güte des Herzens. Wer sich gegen die ihm gestellten Pflichten auflehnt, der liebt gar keine Pflicht. Nichts kann ihm Zufriedenheit geben, und sein ganzes Leben ist zum Misslingen verurteilt. Deshalb lasst uns arbeiten und das erfüllen, was uns der Augenblick als Pflicht auferlegt, und seien wir jederzeit bereit zur größten Anspannung und Leistung. Dann wird auch uns Erleuchtung zuteil werden.

V

WIR HELFEN UNS,
NICHT DER WELT

Ehe wir in der Betrachtung fortfahren, wie die Hingabe an unsere jeweiligen Pflichten die geistige Entwicklung fördert, ist es notwendig, auf eine andere Seite dessen hinzuweisen, was der Inder unter Karma versteht. Jede Religion lässt deutlich drei Hauptzweige erkennen – die Philosophie, die Mythologie und das Ritual. Selbstredend ist die Philosophie der Kern jeder Religion. Die Mythologie erklärt und macht anschaulich, indem sie die mehr oder weniger legendären Lebensläufe großer Männer sowie Geschichten und Fabeln wunderbarer Begebenheiten erzählt. Das Ritual gibt der Philosophie eine noch konkretere Form, da es einen mit den Sinnen erfassbaren Anhaltspunkt bietet. Tatsächlich ist das Ritual nichts anderes als konkret gemachte Philosophie. Karma-Yoga ist solch ein Ritual. Es ist ein notwendiger Bestandteil jeder Religion, da die meisten Menschen sich mit dem Geistigen erst dann befassen können, wenn sie sich geistig geschult und entwickelt haben. Zwar neigt der Mensch dazu anzunehmen, er sei imstande, alles zu verstehen. Doch die Erfahrung zeigt, dass es ihm schwerfällt, Abstraktes zu erfassen. Daher sind wir auf Symbole angewiesen. Wir können uns gar nicht zurechtfinden, ohne uns über das Mittel des Symbols den wesentlichen Dingen zu nähern. Seit undenklicher Zeit wurde das Symbol in allen Religionen als Mittler benutzt.

Wir können gar nicht anders denken als in Symbolen. Selbst die Worte sind nichts anderes als die Symbole der Gedanken. Daher muss auch alles im Weltall als Symbol betrachtet werden. Das Weltall selbst ist ein Symbol, und Gott allein ist das Wesentliche, die Essenz. Das Aufstellen von Symbolen ist keine menschliche Erfindung. Niemals haben sich Angehörige einer Religion zusammengetan und bestimmte Formeln oder Formen zu Symbolen erhoben. Symbole sind nicht willkürliche Ausgeburten des menschlichen Verstandes, sondern haben ihr natürliches Wachstum. Wie anders wäre es möglich, dass sich bei fast allen Menschen gewisse Symbole mit gewissen Ideen verbinden? Es gibt Symbole, die überall ihre Gültigkeit haben. Vielleicht glauben viele, das Kreuz habe erst durch die christliche Lehre Symbolbedeutung erhalten. Dem ist nicht so. Dieses Symbol existierte schon lange, ehe das Christentum begonnen hatte, ehe Moses geboren wurde, ehe die Veden bekannt waren, ehe es ein menschliches Zeugnis über menschliche Dinge gegeben hat. Das Symbol des Kreuzes kann man bei Azteken und Phöniziern und bei fast allen Völkern und Rassen finden. Auch das Symbol des gekreuzigten Erlösers, eines an das Kreuz geschlagenen Menschen, ist fast allen Religionen bekannt. Der Kreis ist ein weiteres wichtiges Symbol in der ganzen Welt. Das vielleicht bekannteste ist die Svastika[5]. Eine Weile hat man geglaubt, es habe seinen Ursprung im Buddhismus, doch ist inzwischen in Erfahrung gebracht worden, dass es schon lange bekannt war, ehe der Buddhismus sich ausgebreitet hat. Im alten Babylon und in Ägypten kann man es finden. Was beweist dies? Dass alle diese Symbole nicht einem Übereinkommen ihre Existenz verdanken können, sondern dass es eine natürliche Verbindung zwischen ihnen und dem menschlichen Geist geben muss. Die Sprache ist ebenso wenig das Ergebnis eines Übereinkommens. Nie hat man beratschlagt, gewisse Ideen durch gewisse Worte vertreten zu lassen. Die Schaffung eines Systems der Symbo-

---

5   Henkelkreuz.

le, wie die Schaffung der Sprache durch Übereinkommen, ist unmöglich. Niemals hat es einen Gedanken ohne ein entsprechendes Wort gegeben. Gedanke und Wort sind ihrem Wesen nach untrennbar. Manche Gedanken können durch Laut- oder Farbsymbole ausgedrückt werden. Taubstumme müssen in Symbolen denken, die nicht auf das Gehör einwirken. Jeder Gedanke im menschlichen Geist hat eine entsprechende Form als Gegenstück. Diese Partnerschaft nennt die Sanskrit Philosophie *nama-rupa* – Name und Gestalt.

In der Ritualsymbolik drückt sich der religiöse Gedanke der Menschheit aus. Es ist leicht zu behaupten, Riten, Tempel und alles, was zum äußeren Gewand einer Religion gehört, sei überflüssig. Jeder Narr versichert einem das heutzutage. Die Verbindung einer bestimmten Religion mit ihren besonderen Tempeln, Riten und anderen konkreten Formeln führt aber dazu, dem Anhänger dieser Religion die Gedanken zu vermitteln, die hinter diesen Symbolen stehen. Es ist deshalb unweise, Ritual und Symbol völlig zu übergehen. Das Studium der einen und die Ausübung des anderen ist ein wichtiger Teil des Karma-Yoga.

Noch von vielen anderen Gesichtswinkeln aus kann man dieses Thema betrachten. Zum Beispiel ist es wichtig, die Beziehung zwischen Gedanke und Wort zu erkennen und zu wissen, wie weit die Macht des Wortes reicht. In jeder Religion wird diese Macht als solche anerkannt. Einige gehen darin sogar so weit, dass sie behaupten, die Schöpfung selbst sei aus dem Wort hervorgegangen. Für sie ist der äußere Aspekt des Gedankens Gottes das Wort, und da Gott wollte und dachte, ehe er schuf, entstand die Schöpfung aus dem Wort.

Durch die Anspannung und Hast unseres materialistisch betonten Daseins verlieren unsere Nerven an Sensibilität und stumpfen ab. Viele Menschen werden durch harte Lebensbedingungen immer unempfindlicher und beachten Dinge nicht, die sich dauernd und deutlich rings um sie her ereignen. Doch manchmal besinnt sich die menschliche Natur auf sich selbst und fühlt das Bedürfnis, über die alltäglichen Gewohnheiten nachzusinnen und darüber zu staunen. Dieses Staunen ist bereits der erste Schritt zur Erleuchtung. Betrachten wir einmal die überragende Rolle der Lautsymbole im täglichen Leben, selbst wenn wir von dem höheren philosophischen und religiösen Wert des Wortes völlig absehen. Ein Mensch spricht mit einem anderen. Er berührt ihn nicht. Die Schallwellen, die das Sprechen des einen hervorgerufen haben, erreichen das Ohr des anderen, erreichen seine Nerven und haben ihre Wirkung auf sein Gemüt. Dem kann sich niemand entziehen. Ist dies nicht ein Wunder? Einer nennt den anderen einen Tölpel, und schon zuckt dieser andere zusammen, ballt die Faust und schlägt dem Sprecher ins Gesicht. Was für eine Macht hat doch das Wort! Dort ist eine Frau in Sorge und weint. Eine andere tritt hinzu und spricht liebevoll auf sie ein, und schon beginnt die Betrübte zu lächeln. Was für eine Macht hat doch das Wort! Sie ist groß, sowohl in der Philosophie als auch im täglichen Leben. Stündlich und minütlich bedienen wir uns ihrer, gedankenlos und ohne sie zu prüfen. Das Wesen dieser Macht zu erkennen und auf richtige Art zu anzuwenden, ist auch ein Teil des Karma-Yoga.

Unsere Pflicht anderen gegenüber besteht darin, ihnen beizustehen, der Welt Gutes zu tun. Warum aber sollen wir der Welt Gutes tun? Anscheinend um ihr zu helfen. Doch in Wirklichkeit helfen wir uns selbst. Natürlich sollen wir immer versuchen, der Welt zu helfen, es gibt keinen edleren Beweggrund. Wenn wir aber ernsthaft darüber nachdenken, werden wir erkennen, dass die Welt unserer Hilfe gar nicht bedarf. Die Welt wurde nicht geschaffen, damit irgendeiner von uns ihr helfe. In einer Predigt fand ich einmal folgenden Satz: »Diese ganze herrliche Welt ist gut, weil sie uns Gelegenheit gibt, anderen zu helfen.« Gewiss ist das ein sehr schöner Ausspruch. Aber liegt nicht zugleich eine Art von Blasphemie in der Behauptung, die Welt benötige unsere Hilfe? Wir können nicht leugnen, dass es viel Elend in der Welt gibt. Deshalb ist Hilfeleistung für andere das Beste, was wir bieten können, obgleich wir mit der Zeit einsehen müssen, dass wir mit unserer Hilfe für andere nur uns selbst helfen.

Kinder halten sich manchmal weiße Mäuse in einem Kasten, in dem sich ein Rad mit Stufen befindet. Versucht nun die Maus, über diese Stufen zu gehen, dann dreht sich das Rad, die Maus bleibt an Ort und Stelle und übt nur ihre Beinchen. Das ist ein gutes Bild für unsere Hilfe an der Welt. Niemand gewinnt etwas dabei außer wir selbst, die wir Gelegenheit haben, unseren guten Willen zu üben.

Diese Welt ist weder gut noch böse. Jeder Mensch bildet sich seine eigene. Für den Blinden besteht sie aus Hartem und Weichem, Heißem und Kaltem. Einmal sind wir eitel Glück, ein andermal nichts als ein Häufchen Elend. Das haben wir tausendfach erfahren. Meistens neigen die jungen Menschen zum Optimismus, während die alten sich pessimistisch verhalten. Die Jungen haben das Leben noch vor sich, die Alten klagen, ihre Zeit sei dahin. Hunderte von Wünschen, die sie sich nicht haben erfüllen können, widerstreiten in ihrem Herzen. Doch sowohl die Alten als auch die Jungen sind unweise, denn das Leben an sich ist weder gut noch böse, sondern scheint uns nur so oder so, je nach dem Gemütszustand, in dem wir uns gerade befinden. Feuer an sich ist weder gut noch böse. Wärmt es uns, so freuen wir uns an ihm, brennt es uns, so sind wir ihm gram, obgleich es stets das gleiche Feuer ist. Doch der Art entsprechend, wie wir uns seiner bedienen, ruft es das Gefühl des Guten oder des Bösen in uns hervor. Ebenso verhält es sich mit der Welt. An sich ist sie vollkommen. Unter Vollkommenheit verstehen wir hier die Ausgewogenheit von Gut und Böse. Wir dürfen sicher sein, dass sie ohne uns ausgezeichnet weiterläuft, und brauchen uns nicht den Kopf zu zerbrechen, wie wir ihr helfen könnten.

Und doch müssen wir Gutes tun. Der Wunsch, Gutes zu tun, ist der edelste Antrieb unseres Wesens, wenn wir uns jederzeit darüber im Klaren sind, dass es eine Gunst ist, anderen helfen zu dürfen. Nichts berechtigt uns dazu, uns auf ein Podest zu stellen, wenn wir einem Armen eine Münze gereicht haben, sondern an uns ist es, dankbar zu sein dafür, dass der Arme da ist und uns, indem er die Gabe entgegennimmt, Gelegenheit gibt, uns selbst zu helfen. Nicht dem Empfangenden wird Segen zuteil, sondern dem Geber. Seid voller Dank, weil es euch gestattet ist, die Kräfte der Güte und des Erbarmens in der Welt zu üben und dadurch immer reiner und vollkommener zu werden. Alle unsere guten Taten führen uns zu diesem einen Ziel.

Was ist es denn, das wir bestenfalls tun können? Krankenhäuser erbauen, Straßen anlegen oder Altersheime gründen. Wir können eine Sammlung zu wohltätigen Zwecken veranstalten und drei Millionen dabei einnehmen. Aus der ersten ein Krankenhaus bauen, von der zweiten Bälle geben und Champagner trinken, die Hälfte der letzten von unseren Beamten stehlen lassen und den Rest schließlich den Armen zuwenden. Doch was ist das alles wert? Ein heftiger Sturm vermag in wenigen Augenblicken alle unsere stolzen Bauten niederzureißen. Was dann? Der Ausbruch eines Vulkans kann alle unsere Straßen, Krankenhäuser, Städte und Staaten vernichten. Deshalb sollten wir doch endlich das alberne Gerede über unsere Wohltaten an die Welt aufgeben. Sie wartet nicht auf unsere Hilfe. Wir selbst sind es, die es dringend nötig haben, zu arbeiten und Gutes zu tun, weil sich alles rechte Handeln für uns zum Segen auswirkt. Nur dadurch können wir zur Vollkommenheit gelangen. Der Bettler, dem wir ein Almosen gereicht haben, verdankt uns nichts. Wir aber verdanken ihm alles, weil er uns erlaubt, Mildtätigkeit an ihm zu üben. Es gibt keinen größeren Irrtum als die Annahme, wir hätten der Welt Gutes erwiesen oder diesem oder jenem geholfen. Dies ist ein törichter Gedanke und bringt, wie alle seinesgleichen, nichts als Leid mit sich.

Wir glauben, wir hätten einem Menschen geholfen und erwarten nun Dankbarkeit von ihm. Erweist er sich nicht als dankbar, so können wir uns eines Gefühls der Unzufriedenheit nicht erwehren. Woher aber nehmen wir das Recht, für das, was wir gegeben haben, eine Gegenleistung zu erwarten? Seien wir demjenigen, dem wir helfen, dankbar, lasst uns in ihm Gott sehen. Ist es nicht eine große Gunst, Gott dienen zu dürfen? Unseren Mitmenschen zu helfen, ist gleichbedeutend damit, Gott zu dienen.

Wären wir wirklich völlig von Wünschen frei, so entgingen wir leicht der Pein vergeblicher Erwartungen und könnten heiteren Gemütes gute Werke tun. Das Werk, das wir frei und wunschlos verrichten, kann uns niemals unzufrieden oder unglücklich machen, mögen auch in der Welt bis in alle Ewigkeit Glück und Unglück fortbestehen.

Es war einmal ein armer Mann, der dringend Geld benötigte. Er hatte erfahren, dass er, falls es ihm gelänge, einen Dämon einzufangen, diesem befehlen könne, ihm Geld und alles, was er brauche, zu verschaffen. Deshalb setzte er sein ganzes Streben daran, eines solchen Dämons habhaft zu werden. Überall suchte er nach einem Menschen, der ihm dabei hätte behilflich sein können. Schließlich fand er einen Weisen, der über große Macht verfügte, und diesen bat er, ihm zur Seite zu stehen. Der Weise fragte ihn, was er denn von diesem Dämon erwarte. »Ich will, dass er für mich arbeitet«, erwiderte der Mann. »Bitte, lehre mich, Herr, wie ich mich seiner bemächtigen kann.« Aber der Weise antwortete: »Mühe dich nicht weiter und gehe heim.« Doch am nächsten Tag kam der arme Mann wieder und fing zu weinen und zu flehen an: »Verschaffe mir einen Dämon, Herr, ich muss einen Dämon haben, der mir hilft.« Schließlich sagte der Weise voller Abscheu: »Ich gebe dir hiermit ein Zauberwort. Wiederhole es, bis du den Dämon damit zu dir gezogen hast. Dann wird er alles tun, was du von ihm verlangst. Aber wisse eines: Solch ein Dämon ist ein furchtbares Wesen. Du musst ihn unaufhörlich beschäftigen. Wenn du ihm nicht ständig Arbeit gibst, wird er dich töten.« Da lachte der Mann und erwiderte: »Das ist nicht schwer. Ich kann ihn Zeit seines Lebens in Atem halten.« Dann ging er in den tiefen Wald, und nachdem er unzählige Male das Zauberwort ausgesprochen hatte, erschien ein riesenhafter Dämon vor ihm und sagte: »Da bin ich. Du hast mich mit deinem Zauberspruch bezwungen, und ich stehe dir zur Verfügung. Aber du musst mir pausenlos Aufträge gehen, sonst werde ich dich töten.« Der Mann befahl: »Baue mir einen Palast!«, und der Dämon antwortete: »Bereits geschehen.

Da steht er.« »Verschaffe mir Geld!«, sagte der Mann. »Hier ist dein Geld«, erwiderte der Dämon. »Fälle diesen Wald und errichte an seiner Stelle eine Stadt!«»Ist ausgeführt«, sagte der Dämon. »Was weiter?« Da wurde dem Mann langsam ängstlich zumute und dachte: »Mir fällt nichts mehr ein, was ich ihm zu tun geben könnte, da er ja alles im Nu ausführt.« Der Dämon aber drohte: »Gib mir Arbeit, sonst fresse ich dich.« Der arme Mann vermochte jedoch nichts mehr zu ersinnen, was er von dem Dämon hätte fordern können, und Entsetzen packte ihn. Er stürzte weg und rannte und rannte, bis er schließlich bei dem Weisen anlangte. Da rief er: »Hilfe, Herr, Hilfe, rette mein Leben!« Der Weise fragte ihn, was geschehen sei, und der Mann berichtete: »Ich weiß nichts mehr, das ich dem Dämon zu tun geben könnte. Alles, was ich befehle, führt er im Augenblick aus und droht jetzt, mich umzubringen, wenn ich ihm keine Arbeit mehr gebe.« Gerade da hatte der Dämon die Behausung des Weisen erreicht und schrie: »Jetzt werde ich dich fressen«, und traf auch schon Anstalten dazu. Da erzitterte der arme Mann am ganzen Leib und flehte den Weisen an, ihm das Leben zu retten. Der Weise erwiderte: »Ich werde dir einen Ausweg schaffen. Siehst du den Hund dort drüben mit dem geringelten Schwanz? Nimm rasch dein Schwert, schneide diesen Schwanz ab und gib ihn dem Dämon mit dem Auftrag, ihn zu glätten.« Rasch schnitt der Mann den Hundeschwanz ab und reichte ihn dem Dämon. »Hier, glätte mir diesen Schwanz!« Der Dämon nahm ihn und reckte ihn langsam und sorgfältig aus. Aber kaum ließ er ihn los, als das Schwänzchen sich auch schon wieder ringelte. Nochmals glättete er ihn aufs Behutsamste, doch fand er ihn sofort wieder geringelt, als er ihn sich selbst überließ. Wieder reckte, streckte und glättete er ihn, aber kaum legte er ihn nieder, da war er auch schon wieder aufgeringelt wie zuvor. Und so ging es stunden- und tagelang weiter, bis der Dämon ganz erschöpft war und sagte: »Noch nie in meinem Leben bin ich in einer so heiklen Lage gewesen. Ich bin ein alter, erfahrener Dämon, aber vor solche Schwierigkeiten hat mich noch keiner gestellt.« Dann wandte er sich an seinen Auftraggeber und bot ihm an. »Ich schlage dir einen Vergleich vor: Du gibst mich frei, und ich lasse dir alles, was ich dir gebracht habe, und verspreche, dir nichts zuleide zu tun.« Der Mann war damit hoch zufrieden und nahm den Vorschlag mit Freuden an.

Die Welt ist wie dieser Hundeschwanz, und seit Jahrtausenden versuchen die Menschen, ihn zu glätten. Doch kaum halten sie mit dem Versuch inne, da rollt er sich wieder auf. Wie könnte es auch anders sein?

Nur wer arbeiten kann, ohne an dem Ergebnis der Arbeit zu hängen, ist kein Fanatiker. Sobald wir wissen, dass die Welt wie dieser Hundeschwanz ist, werden wir uns nicht mehr fanatisch darum bemühen, ihn zu glätten. Gäbe es keinen Fanatismus in der Welt, dann schritte sie schneller vorwärts, als sie es heute tut. Der Gedanke, Fanatismus fördere den Fortschritt der Menschheit, ist ein verhängnisvoller Irrtum. Er ist im Gegenteil ein verzögerndes Moment, da er Hass und Wut auslöst, die Ursache vieler Kämpfe ist und die Menschen entzweit. Deshalb wollen wir uns immer an den Hundeschwanz erinnern, wenn wir die Neigung zum Fanatismus in uns verspüren. Um die Welt brauchen wir uns keine Sorgen zu machen, sie läuft weiter, auch ohne unser Zutun. Erst wer den Fanatismus in sich niedergerungen hat, wird richtig arbeiten. Der gleichmütige, ruhige Mensch, der über ein gutes Urteil und kühle Nerven verfügt, dabei Mitgefühl und Liebe kennt, ist es, der gute Arbeit verrichtet und gleichzeitig sich selbst damit Gutes tut. Der Fanatiker hingegen ist ein Tor und kennt keine Harmonie. Er ist auch nicht imstande, die Welt zu glätten, und kann durch seinen Fanatismus nie rein und vollkommen werden.

Um dieses Kapitel noch einmal kurz zu überblicken, müssen wir uns ins Bewusstsein rufen, dass wir erstens alle die Schuldner der Welt sind, die Welt hingegen uns nichts schuldet. Es ist das große Privileg der Menschheit, dass es ihr gestattet ist, etwas für die Welt zu tun. Indem wir der Welt helfen, helfen wir uns. Es ist zweitens ein Gott in diesem Weltall, das nicht hilflos dahintreibt und auf unsere guten Werke angewiesen ist. Gott ist immer gegenwärtig, ein pausenlos Schaffender, ein unermüdlicher Wächter. Wenn auch das ganze Weltall schläft, er ruht nicht. Er arbeitet unaufhörlich. Alle Wandlungen und Offenbarungen sind sein Werk. Wir dürfen drittens nie und niemanden hassen. Diese Welt wird nie aufhören, eine Mischung von Gut und Böse zu sein. Unsere Pflicht ist es, dem Schwachen beizustehen und selbst den Übeltäter zu lieben. Die Welt ist eine große Seelenschule, in der wir alle lernen müssen, um innerlich immer weiter zu erstarken. Viertens dürfen wir in keiner Beziehung fanatisch sein; denn der Fanatismus ist ein Feind der Liebe. Wohl hört man Fanatiker redegewandt sagen: »Ich hasse nicht den Sünder, sondern die Sünde.« Doch bin ich bereit, jede Strecke zurückzulegen, um das Gesicht des Menschen zu sehen, der wirklich genau zu unterscheiden vermag zwischen dem Sünder und der Sünde. So zu sprechen ist leicht, doch schwer, so zu handeln. Wer unterscheiden kann zwischen Gesinnung und Wesen, der hat die Möglichkeit in sich, ein vollkommener Mensch zu werden. Doch das Wichtigste ist: Je ruhiger und ausgeglichener wir sind, desto mehr und inniger werden wir lieben und desto besser wird unsere Arbeit gedeihen.

VI

NICHT-GEBUNDENSEIN IST VOLLKOMMENE SELBSTVERLEUGNUNG

Wie jede Aktion, die von uns ausgeht, als Reaktion zu uns zurückkommt, so wirken unsere Taten auch auf andere und die ihren auf uns. Vielleicht ist es schon so manchem aufgefallen, dass derjenige, der etwas Schlechtes tut, immer schlechter wird, und wer begonnen hat, Gutes zu tun, innerlich immer mehr erstarkt und schließlich imstande ist, jederzeit Gutes zu wirken. Der steigernde Einfluss einer Handlung kann durch nichts anderes erklärt werden als durch die Tatsache, dass wir aufeinander sowohl wirken als auch reagieren. Um ein Bild aus der Physik zu nehmen, können wir sagen: Unser Gemüt ist bei der Ausführung einer bestimmten Handlung in einer bestimmten Schwingung. Alle Gemüter, die sich in der gleichen Verfassung befinden, haben die Tendenz, von dem unseren beeinflusst zu werden. Es ist allgemein bekannt, dass mehrere gleichgestimmte Instrumente in einem Raum mitschwingen, wenn eines davon angeschlagen wird. Ebenso werden alle Gemüter, die, wenn man so sagen darf, in der gleichen Spannung sind, vom gleichen Gedanken beeindruckt. Natürlich ist der Einfluss des Gedankens nicht immer gleich stark – Entfernung und viele andere Ursachen spielen da eine Rolle –, aber das Gemüt steht diesen Einflüssen immer offen. Begeht zum Beispiel jemand eine böse Tat, so befindet sich sein Gemüt in einem bestimmten Schwingungszustand, und die

Möglichkeit ist gegeben, dass alle Gemüter in der ganzen Welt, die sich im gleichen Zustand befinden, die Schwingungen seines Gemütes aufnehmen. Genau so geht es natürlich mit der guten Tat. Das Ausmaß der Macht, die ein Gemüt auf das andere ausübt, hängt von der Stärke der jeweiligen Spannung ab, mit der eine Tat begangen oder ein Gedanken gedacht wird.

Wenn wir diesen Vergleich fortführen, so können wir sagen, dass die Wellen unserer Gedanken sowie die Lichtwellen, die Tausende von Jahren wandern, ehe sie auf ein empfangendes Auge treffen, ebenfalls vielleicht lange Zeit benötigen, ehe sie dorthin finden, wo eine gleiche Schwingung besteht. Es ist deshalb durchaus möglich, dass unsere Atmosphäre angefüllt ist von solchen Gedankenschwingungen, guten wie bösen. Jeder Gedanke, den ein Gehirn versendet, schwingt gleichsam hinaus, bis er dort auftritt, wo er empfangen werden kann. Jedes Gemüt, das dem Empfang solcher Impulse offensteht, kann sie augenblicklich aufnehmen. Wenn also ein Mensch eine böse Tat begeht, so hat er sein Gemüt in einen gewissen Spannungszustand versetzt, und alle Wellen, die mit diesem Spannungszustand übereinstimmen und sich gleichsam bereits in der Atmosphäre befinden, bemühen sich eifrig, in sein Gemüt einzudringen. Das ist der Grund, warum der Übeltäter für gewöhnlich Böses zu Bösem fügen muss. Sein Wirken wird von diesem Zustrom verstärkt. Das Gleiche wiederfährt dem, der Gutes tut. Er öffnet sich allen guten Wellen, und seine Neigung zum Guten wird dadurch noch größer. Daher setzen wir uns, wenn wir Böses tun, einer doppelten Gefahr aus. Erstens öffnen wir uns allen Einflüssen, die uns umgeben, und zweitens bringen wir Übles hervor, das wiederum andere beeinflusst, wenn auch vielleicht erst Hunderte von Jahren später. Durch die böse Tat schädigen wir also gleichzeitig uns und unsere Mitmenschen. Wie alle anderen Kräfte im Menschen, wird auch die Macht zum Guten oder zum Bösen von außen gespeist.

Der Karma-Yoga lehrt, dass keine begangene Tat ungeschehen gemacht werden kann – sie muss Früchte hervorbringen.

Keine Macht der Natur kann sie davon abhalten. Wer eine böse Tat begeht, muss dafür leiden. Keine Macht der Welt kann dies verhindern. Auch kann die gute Tat nicht gehemmt werden, Gutes hervorzubringen. Jede Ursache hat ihre Wirkung, und nichts kann sie vereiteln oder unterdrücken.

Nun kommen wir zu einem höchst schwierigen und ernsten Punkt im Karma-Yoga. Unsere Handlungen, sowohl die guten als auch die schlechten, sind nämlich aufs Innigste miteinander verbunden. Wir können keine Grenzlinie ziehen und sagen: Diese Tat ist eine vollkommen gute, jene eine durchaus schlechte. Es gibt keine Tat, die nicht gleichzeitig den Samen des Guten wie des Bösen in sich trüge. Nehmen wir das nächstliegende Beispiel: Ein Lehrer spricht zu seinen Schülern, und viele unter diesen sehen das als eine gute Tat an. Doch gleichzeitig tötet dieser Lehrer durch sein Sprechen vielleicht Tausende von Mikroben. Also tut er mit seiner guten Tat anderen Wesen etwas zuleide. Wenn die sichtbaren Wirkungen unserer Taten gut sind, so sehen wir die Tat als etwas Gutes an. Zum Beispiel wird die Unterweisung des Lehrers für gut gehalten, wenn ihre Wirkung auf seine Schüler sichtlich eine gute ist. Die Wirkung auf die Mikroben aber können wir nicht sehen. Ebenso werden wir beim näheren Eingehen auf unsere bösen Taten finden, dass auch sie manches Gute enthalten. Wer in der guten Handlung erkennen kann, dass sie auch Böses enthält, und mitten im Übel noch das Körnchen Gutes wahrnimmt, der hat das Geheimnis des Wirkens erfahren.

Was folgt nun daraus? So sehr wir uns auch darum bemühen mögen, es gibt keine Handlung, die vollkommen rein, und keine, die durchaus unrein wäre, wobei rein und unrein im Sinne von Wohl und Wehe gemeint sind. Wir können nicht leben und nicht atmen, ohne andere zu schädigen, und jeden Bissen, den wir essen, rauben wir dem Mund eines Mitmenschen. Allein die Tatsache, dass wir leben, hindert anderes Leben. Ob es sich um Menschen, Tiere oder winzige Mikroben handelt, diese oder jene werden durch uns verdrängt. Da dies eine erwiesene Tatsache ist, so folgt daraus, dass Vollkommenheit niemals durch Wirken erreicht werden kann. Auch wenn wir bis in alle Ewigkeit arbeiteten, es gibt keinen Ausweg aus diesem verschlungenen Irrgarten. Wir können die untrennbare Verbindung von Gut und Böse in allen Auswirkungen unserer Taten nicht aufheben.

Ein zweiter Punkt, dem wir unsere Beachtung zuwenden müssen, ist das Ziel des Wirkens. Überall glauben die meisten Menschen an eine künftige Zeit, da die Welt vollkommen sein und es keine Krankheit mehr geben wird, keinen Tod, kein Unglück und keine Bosheit. Sicher ist dieser Gedanke sehr dazu angetan, den Unwissenden zu heben und anzuspornen. Aber nach einem Augenblick der Besinnung erkennen wir nur allzu leicht, dass dem nicht so ist. Wie wäre es auch möglich, nachdem wir eingesehen haben, dass Gut und Böse die Vorder- und Rückseite der gleichen Münze sind? Wie könnte man das Gute ohne das Böse erhalten, da sie doch eine untrennbare Einheit bilden? Was verstehen wir unter Vollkommenheit? »Vollkommenes Leben« ist ein Widerspruch in sich. Das Leben ist ja gerade der Schauplatz des ständigen Kampfes zwischen uns und der Außenwelt. Tatsächlich ringen wir unausgesetzt mit der physischen Natur, und wenn wir unterliegen, schwindet unser Leben. Bedenken wir allein schon den ständigen Kampf um Nahrung und Luft. Haben wir auch nur eine dieser beiden elementaren Voraussetzungen für unser Dasein nicht in ausreichendem Maße, dann müssen wir sterben. Das Leben ist nicht etwas, das einfach und glatt dahinfließt, sondern ein Wirbel widerstreitender Strömungen. Der komplizierte Kampf zwischen etwas in uns und der äußeren Welt, das ist es, was wir Leben nennen. Daher ist es klar, dass das Leben, sobald dieser Kampf aufhört, enden muss. Absolute Seligkeit nennen wir den Zustand, wenn dieser Kampf zu Ende ist. Doch damit hört das Leben auf, da dieser Kampf nur mit dem Leben selbst enden kann.

Wir haben erkannt, dass wir mit unserer Hilfe für die Welt einzig uns selbst helfen. Die Hauptwirkung einer uneigennützigen Tat ist die eigene Läuterung. Bei der ständigen Bemühung, anderen Gutes zu tun, vergessen wir uns selbst. Dieses Sich-selbstvergessen gehört zu den großen Aufgaben, die das Leben uns stellt. Jeder Akt der Menschenliebe, jeder mitfühlende Gedanke, jede Hilfeleistung trägt ein Quäntchen Eigendünkel von unserem kleinen Ich ab und lässt uns unsere Winzigkeit und Geringfügigkeit erkennen, und das ist der Sinn unserer guten Taten. Jnana-, Bhakti- und Karma-Yoga treffen sich alle in diesem einen Satz: Das höchste Ziel ist ewige und völlige Selbstverleugnung, bei der es kein »Ich« mehr gibt und alles zu »Du« wird. Ob der Mensch sich dessen bewusst ist oder nicht: Karma-Yoga führt ihn zu diesem Ziel.

Mag so mancher auf der Erhaltung der eigenen Identität und Individualität bestehen, doch seine Ethik, wenn sie wirklich eine ist, kann nicht anders als auf strengster Selbstverleugnung fußen. Sie ist die Basis aller Ethik. Ob man sie auf den Menschen allein bezieht oder auch auf Tiere und Engel ausdehnt, immer bleibt sie der Grundgedanke, das fundamentale Prinzip, das sich in jeder ethischen Lehre findet.

Wie wir wissen, stehen die Menschen auf verschiedenen Stufen der Entwicklung. Da sind zuallererst die großen Gottmenschen, deren Selbstverleugnung eine vollkommene ist und die unausgesetzt anderen Gutes tun, selbst unter Einsatz des eigenen Lebens. Sie haben die höchste Stufe erreicht. Kein Land, in dem solche Menschen leben, hat Grund zur Verzweiflung. Aber es sind ihrer leider nur wenige. Dann gibt es die guten Menschen, die anderen Gutes tun, solange sie selbst dadurch nicht zu leiden haben, und schließlich eine dritte Art, die, um sich selbst etwas Gutes zu tun, andere leiden lassen. Ein Sanskrit-Dichter sprach noch von einer vierten, nicht nennbaren Art von Menschen, die Böses tun um des Bösen willen. Wie es auf der einen Seite jene Heiligen gibt, die um des Guten willen Gutes tun, so gibt es auf der anderen Seite jene Unnennbaren, die böse sind aus Lust am Bösen. Sie gewinnen nichts dabei, doch zwingt ihre Natur sie zur bösen Tat.

Ein Sanskrit-Wort heißt Hinwendung, *pavritti*, ein anderes Abwendung, *nivritti*. Die Hinwendung schließt das ein, was wir

Welt nennen, das »Ich« und »Mein«. Sie umfasst alles, was das »Ich« bereichert durch Güter, Geld, Macht, Ruf und Ruhm, alles, was mit Habgier zu tun hat und dazu neigt, möglichst viel um den einen Mittelpunkt, das »Ich«, anzuhäufen. Das ist *pavritti*, die naturgegebene Neigung jedes menschlichen Wesens. Wenn diese Tendenz nachlässt, wenn *nivritti* oder die Abwendung beginnt, dann haben Ethik und Religion Einlass gefunden. Sowohl *nivritti* als auch *pavritti* gehören zum Wesen des Wirkens: *pavritti* ist böses, *nivritti* gutes Wirken. *Nivritti* ist das Fundament aller Ethik und Religion und findet seine höchste Vollendung in der völligen Selbstaufgabe, in der Bereitschaft, alles, Leib und Seele, für andere zu opfern. Wer diesen höchsten Stand erreicht, der hat die Aufgabe des Karma-Yoga erfüllt. Dies ist das herrlichste Ergebnis guter Werke. Mag ein Mensch sich nie mit irgendeiner philosophischen Lehre befasst haben, mag er an keinen Gott glauben und nie ein Gottgläubiger gewesen sein, mag er nicht ein einziges Mal in seinem Leben gebetet haben, wenn die Macht seiner guten Taten ihn aber befähigt, alles, was er ist und hat, auch sein Leben, für andere aufzugeben, dann hat er die gleiche Höhe erreicht, die der Fromme durch Gebet oder der Weise durch Erkenntnis gewinnt. Hier sehen wir wieder, dass alle, der Philosoph, der Schaffende und der Fromme, zum selben Ziel gelangen, zur völligen Selbstverleugnung. Wie sehr auch ihre Systeme der Philosophie und der Religion voneinander abweichen mögen, so stehen doch alle voll heiliger Scheu und Ehrfurcht vor jenem, der bereit ist, sich für andere zu opfern. Hier geht es nicht um Glaubensbekenntnisse und Lehrsätze. Selbst solche, die sich von allen Religionen abwenden, können angesichts einer Tat vollkommener Selbstaufopferung sich dem Gefühl der Hochachtung nicht verschließen. Steht nicht selbst der überzeugteste Christ in Ehrfurcht vor Buddha, der von keinem Gott spricht und nichts als Selbstaufopferung predigt? Nur weiß der Gläubige wahrscheinlich nicht, dass sein eigenes Lebensziel genau das gleiche ist wie das desjenigen, von dem er sich so wesentlich zu unterscheiden glaubt. Der Fromme, der dauernd erfüllt ist von seinem Gott, kommt schließlich zur gleichen Hingabe, indem er sagt: »Dein Wille geschehe«, und nichts mehr für sich zurückbehält. Das ist Selbstverleugnung. Der Weise in seiner Erkenntnis sieht, dass das vermeintliche »Ich« eine Täuschung ist und gibt es leichten Herzens auf. Auch das ist Selbstverleugnung. Karma, Bhakti und Jnana treffen sich hier. Das ist es, was alle großen Lehrer vergangener Zeiten gemeint haben, als sie verkündeten, Gott sei nicht die Welt. Hier sei die Welt und dort Gott. Diese Unterscheidung ist berechtigt; denn unter Welt verstehen sie die Selbstsucht. Gott aber ist die Selbstlosigkeit. Mag einer auf einem Thron sitzen und in einem Palast wohnen, wenn er trotzdem vollkommen selbstlos ist, lebt er in Gott. Ein anderer haust vielleicht in einer Hütte, hüllt sich in Lumpen und besitzt nichts auf der Welt; und doch kann er selbstsüchtig und ganz in die Welt verstrickt sein.

Um auf einen unserer Hauptpunkte zurückzukommen, wollen wir nochmals erwähnen, dass wir Gutes nicht tun können, ohne nicht gleichzeitig auch etwas Schlechtes zu begehen, und keine böse Tat auszuführen vermögen, die nicht auch etwas Gutes enthielte. Wie aber können wir im Bewusstsein dieser Tatsache weiterwirken? Diese Frage, dieser Zwiespalt hat religiöse Gruppierungen hervorgerufen, die auf erstaunlich widersinnige Weise als einzigen Ausweg, dieser Welt zu entgehen, den langsamen Selbstmord gefunden haben und ihn predigten, weil der Mensch rein durch sein Dasein schon ständig Tiere und Pflanzen vernichte und in diesem Leben immer und überall Leid und Schaden zufüge. Ihrer Meinung nach gibt es daher nur die eine einzige Möglichkeit, sich von dieser Welt zu lösen, indem man stirbt. Die Jainas waren es, die diese Lehre als das höchste Ideal verkündeten. Wie logisch das doch klingt! Doch die wahre Lösung ist in der Gita zu finden und liegt im Satz vom Nicht- Verhaftetsein, vom Freisein während des Lebenswerkes. Wisse, dass du völlig abgetrennt bist von der Welt, obgleich du in der Welt wirkst, und alles, was du auf dieser Welt tust, nicht um deiner selbst willen vollbringst. Jede Tat, die man für sich selbst tut, hinterlässt ihre Wirkung im Täter. Ist die Tat gut, so hat man die guten Folgen zu tragen, ist sie schlecht, so muss man die schlechten hinnehmen. Doch die Tat, die nicht um des Täters willen geschehen ist, wirkt nicht auf ihn zurück, mag sie sein, wie sie will. Daher lehrt der Karma-Yoga: »Entsage nicht der Welt, lebe in ihr, nimm ihre Einflüsse auf, so gut du kannst. Tust du das aber nur zu deiner eigenen Lust, dann lasse lieber alles Wirken sein.« Lust ist nicht das Ziel. Erst töte dein eigenes Ich ab und dann siehe die Welt an als dein Ich. In der Bibel steht: »Der alte Adam muss sterben.« Dieser alte Adam ist das selbstsüchtige Ich, das glaubt, die ganze Welt sei einzig zum Zweck seiner Lust geschaffen worden. Unkluge Eltern lehren ihre Kinder ein Gebet, das so beginnt: »Oh Herr, der du Sonne und Mond für mich gemacht hast …«, als hätte der Herr nichts anderes zu tun, als alles für diese Kleinen zu erschaffen. Solcher Unsinn sollte Kindern niemals beigebracht werden. Auch auf andere Weise werden Sinnlosigkeiten verbreitet. Zum Beispiel lehren manche, alle Tiere seien für uns da, damit wir sie töten und essen, und das Weltall existiere nur zur Lust des Menschen. Alles dies ist Torheit. Mit gleichem Recht könnte der Tiger sagen: »Der Mensch ist für mich geschaffen worden«, und Gott anrufen: »Oh Herr, wie böse sind doch diese Menschen, weil sie nicht kommen und sich von mir fressen lassen. Sie vergehen sich gegen dein Gebot.« Wenn die Welt für uns geschaffen wurde, dann sind wir auch für die Welt geschaffen worden. Doch der Gedanke, die Welt bestehe nur zu unserer Lust, ist erniedrigend und hemmt unsere Entwicklung. In Wahrheit ist diese Welt genau so für uns da wie wir für sie.

Um im rechten Sinne zu wirken, muss man nicht nur jede Bindung aufgeben, sondern außerdem darauf achten, sich nicht in das Gewühl zu mischen, vielmehr nur Zuschauer zu sein und mit Gelassenheit weiterzuwirken. Mein Meister pflegte zu sagen: »Blickt auf eure Kinder mit den Augen der Kinderfrau.« Denn die Kinderfrau nimmt sich der Kleinen an, herzt sie, spielt mit ihnen und verhält sich zu ihnen so liebevoll, als wären es ihre eigenen. Doch gibt man ihr den Abschied, so ist sie jederzeit bereit, mit ihren Habseligkeiten weiterzuziehen in ein anderes Haus. Sie ist ungebunden, und es verursacht ihr nicht den geringsten Schmerz, diese Kinder zu verlassen und von nun an andere zu hüten. Genau so müssen wir uns zu allem verhalten, was wir als das Unsere ansehen. Wir sind die Kinderfrau, und wer an Gott glaubt, weiß, dass alles, was wir mit »mein« bezeichnen, in Wirklichkeit Ihm angehört.

Oft schleicht sich die größte Schwäche im Gewand des Guten, Starken ein. Es ist Schwäche, zu meinen, irgendjemand hänge von uns ab oder wir könnten einander Gutes tun. Dieser Irrglaube ist der Nährquell aller Gebundenheit, die Wurzel unserer Not. Wir müssen uns mit dem Gedanken vertraut machen, dass niemand auf der ganzen Welt von uns abhängig ist. Kein einziger Bettler ist angewiesen auf unsere Mildtätigkeit, nicht eine einzige Seele auf unsere Güte, kein einziges Lebewesen auf unsere Hilfe. Allen wird durch die Natur weitergeholfen, und dies geschieht, auch wenn wir nicht mehr da sind. Durch keinen von uns wird der Lauf der Welt aufgehalten. Es ist vielmehr, wie schon einmal erwähnt, nur unser segensreicher Vorzug, dass uns gestattet ist, dank der Hilfe, die wir anderen bieten, uns selbst zu erziehen. Dies ist eine große Aufgabe, vor die uns das Leben stellt, und wenn wir sie voll und ganz erfüllen, können wir nie mehr unglücklich sein. Dann dürfen wir hingehen und uns unter die Menschen mischen, ohne Schaden zu nehmen. Mögen wir Gatten oder Gattin haben, Legionen von Dienern, über Königreiche herrschen – wenn wir von dem Grundsatz ausgehen, dass die Welt nicht für uns da ist und unser keineswegs bedarf, so kann uns aller irdische Besitz nichts anhaben. Vielleicht ist einem von uns vor kurzem ein teurer Freund gestorben. Bleibt deswegen die Welt stehen und wartet auf seine Rückkehr? Hat sie den Atem angehalten? Nein, alles geht weiter wie zuvor. Deshalb soll man den Gedanken verbannen, man müsse etwas für die Welt tun. Die Welt bedarf unserer Hilfe nicht. Es ist ein verhängnisvoller Irrtum, wenn einer glaubt, er sei dazu geboren, der Welt zu helfen. Dies ist nichts als Hochmut, ist Eigendünkel, der sich unter dem Deckmantel der Tugend einschleicht. Haben wir Leib und Seele einmal damit vertraut gemacht, dass die Welt von niemandem abhängig ist, dann wird unser Wirken keine schmerzlichen Reaktionen mehr in uns auslösen. Schenkt man einem Menschen etwas und erwartet nichts von ihm zurück, nicht einmal Dankbarkeit, dann wird seine Undankbarkeit keinen Schmerz verursachen, weil nicht erwartet, nicht einmal daran gedacht wurde, man könne ein Anrecht auf irgendein Entgelt haben. Man hat ihm gegeben, was ihm zustand. Sein eigenes Karma hat es ihm verschafft, und der Geber wurde durch sein Karma zum Boten gemacht. Warum also sollte er stolz darauf sein, etwas gegeben zu haben? Er ist nur der Überbringer, der das Geld, oder was immer es ist, der Welt, der es durch ihr Karma zukommt, abliefert. Wo wäre da Grund zu Stolz? Dass er der Welt etwas gibt, darin liegt nichts von Größe.

Hat man das Stadium der Unverbundenheit erreicht, so gibt es weder Gut noch Böse. Nur Selbstsucht und Eigendünkel lassen einen Unterschied zwischen Gut und Böse bestehen. Wohl ist dies sehr schwer zu erfassen, doch mit der Zeit wird man erkennen, dass nichts auf der Welt Macht hat über den Menschen, wenn er ihm keine Macht über sich einräumt. Nichts hat Macht über das Selbst des Menschen, es sei denn, er verfiele in Torheit und verlöre seine Ungebundenheit. Durch Ungebundenheit straft man alles Lüge, was Macht über einen ausüben möchte. Zwar ist dies sehr leicht hingesagt: Nichts hat Macht über mich, solange ich ihm keine Macht zugestehe. Aber was ist das wahre Erkennungszeichen des Menschen, der wirklich keiner Macht gestattet, ihn zu beherrschen, der also weder glücklich noch unglücklich wird durch die Einwirkungen der Außenwelt? Das Erkennungszeichen ist die unverrückbare Gelassenheit seines Gemüts bei Glück oder Unglück. Er bleibt unter allen Umständen der Gleiche.

Es gab einmal einen großen Weisen in Indien, der Vyasa hieß. Dieser Vyasa, der bekannte Verfasser der Vedanta-Lehren, war ein heiliger Mann. Sein Vater hatte versucht, Vollkommenheit zu erlangen, war aber gescheitert. Auch sein Großvater hatte sich sehr darum bemüht und versagt, ebenso sein Urgroßvater. Ihm selbst gelang es auch nicht bis ins Letzte, doch hatte er einen Sohn, der als ein Vollendeter auf die Welt gekommen war. Vyasa lehrte ihn alles, was er selbst an Weisheit besaß, und als er ihn in der Erkenntnis der Wahrheit unterwiesen hatte, sandte er ihn an den Hof des Königs Janaka. Dieser war ein großer Fürst und wurde Janaka Videha genannt. *Videha* heißt »der Körperlose«. Denn obgleich er König war, hatte er vollkommen vergessen, dass er im Fleisch lebte, und fühlte sich ganz als ein geistiges Wesen. Der Knabe Shuka wurde nun zu ihm gesandt, um von ihm belehrt zu werden. Da der König wusste, dass Vyasas Sohn sich auf dem Weg zu ihm befand, ließ er rasch gewisse Vorkehrungen treffen. Als der Knabe sich an den Toren des Palastes zeigte, nahmen die Wachen keinerlei Notiz von ihm. Sie boten ihm nur einen Platz zum Sitzen an, und dort saß er nun drei Tage und drei Nächte lang, ohne dass jemand mit ihm gesprochen oder ihn auch nur gefragt hätte, wer und woher er sei. Er war der Sohn eines wirklich großen Weisen, sein Vater wurde im ganzen Land hoch verehrt, und auch er selbst war bereits eine angesehene Persönlichkeit – und jetzt beachteten diese niedrigen, gemeinen Wachen ihn überhaupt nicht. Nach Ablauf dieser drei Tage und Nächte kamen ganz plötzlich die Minister des Königs und alle anderen einflussreichen Würdenträger daher und empfingen ihn mit den größten Ehren. Sie führten ihn zum Palast, geleiteten ihn in prächtige Gemächer, boten ihm herrlich duftende Bäder und wunderbare Kleider an und umgaben ihn acht Tage lang mit allem erdenklichen Luxus. Der feierlich heitere Ausdruck auf Shukas Antlitz änderte sich nicht im Mindesten durch den Wandel der ihm erwiesenen Behandlung. Umgeben von allen Gütern dieser Erde, war er der Gleiche wie draußen, als er wartend vor dem Tor gesessen hatte. Dann führte man ihn vor den König. Dieser saß auf seinem Thron, während Musik erklang, traumhafte Tänzer und Tänzerinnen sich wiegten und andere Vergnügungen stattfanden. Der König reichte dem Knaben eine Schale, die bis zum Rand mit Milch gefüllt war, und forderte ihn auf, siebenmal damit die Runde durch den Saal zu machen, ohne einen Tropfen daraus zu verschütten. Shuka ergriff die Schale und ging mitten unter die Tänzer und die Verführung der schönen Gesichter. Wie der König es von ihm verlangt hatte, machte er siebenmal die Runde um den Saal, und nicht ein einziger Tropfen der Milch wurde verschüttet. Nichts, dem er nicht das Recht dazu einräumte, konnte die Seele des Knaben ablenken. Als er dem König die Schale zurückgab, sagte dieser zu ihm: »Was dein Vater dich gelehrt hat, was du selbst erfahren hast, ich könnte es nur wiederholen. Du hast die Wahrheit gefunden. Kehre nach Hause zurück.«

Wer solcherweise Herr ist über sich selbst, auf den kann ohne sein Einverständnis nichts von außen einwirken, und er hat aufgehört, Sklave zu sein. Sein Geist ist frei geworden, und nur ein solcher Mensch vermag unangefochten in der Welt zu leben.

Für alle, die sich noch nicht in der Gewalt haben, ist die Welt entweder voll von Übel oder bestenfalls eine Mischung aus Gut und Böse. Doch wird uns diese gleiche Welt zur makellosen Schöpfung, wenn wir gelernt haben, unser Wesen zu meistern. Nichts kann dann gute oder böse Wirkungen auf uns haben, und wir erkennen, dass alles richtig an seinem Platz und in voller Harmonie ist. So manche, die in der Welt eine Hölle gesehen haben, sind nach geglückter Übung in der Selbstbemeisterung fähig geworden, sie als Himmel zu empfinden. Der aufrichtige Karma-Yogi, der ehrlich daran arbeitet, dieses Stadium zu erreichen, wird, wo immer er auch begonnen haben mag, den Weg zur Selbstverleugnung finden. Sobald dieses scheinbare Selbst vergangen ist, wird ihm die ganze Welt, von der er geglaubt hat, sie sei voller Übel, wie der mit Glückseligkeit angefüllte Himmel selbst vorkommen. Aus ihrer ganzen Atmosphäre strahlt dann Segen, aus jedem menschlichen Gesicht die reine Güte. Dies ist Ende und Ziel von Karma-Yoga, und so sieht seine Vollendung im tätigen Leben aus.

Unsere verschiedenen Yogas widersprechen einander nicht. Jeder Einzelne führt zu dem gleichen Ziel und hilft uns, vollkommen zu werden. Das ganze Geheimnis liegt in der unausgesetzten Übung. Erst hat man zu lauschen, dann nachzudenken und schließlich zu üben. Dies gilt für jeden Yoga. Man muss hinhorchen und zu erfassen suchen, was der eigentliche Kern dieser Lehre ist. Vieles, das man anfangs nicht versteht, wird einem nach und nach durch ständiges Lauschen und Überlegen klar. Dieses Verstehen bereitet zuerst wohl große Schwierigkeiten. Aber schließlich liegt ja die Erklärung zu allem in uns selbst. Niemand hat je etwas von einem anderen gelernt; jeder muss sein eigener Lehrer sein. Der äußere Lehrer bietet nur die Anregung, die den inneren aufruft zu arbeiten, um Erkenntnis zu erlangen. Dann klären sich die Dinge für uns kraft unseres Empfindens und Denkens, und wir werden ihrer in unserer eigenen Seele gewahr. Dieses Gewahrwerden wandelt sich zu einer großen Willensmacht. Erst ist es ein Gefühl, dann wird es Wille, und aus diesem Willen entwickelt sich die riesige Kraft zu wirken, die jede Ader, jeden Nerv und jeden Muskel durchdringt, bis sich die Gesamtheit unseres Körpers zu einem selbstlosen Instrument des Karma-Yoga gewandelt hat und das ersehnte Ziel völliger Selbstverleugnung und gänzlicher Uneigennützigkeit erreicht ist. Die Erlangung dieses Zieles ist weder an Dogma, Lehre noch Glauben gebunden. Ob einer Christ, Jude oder Heide ist, tut nichts zur Sache. »Bist du selbstlos?«, so lautet die Frage. Ist man es, so hat man Vollendung erlangt, ohne auch nur ein einziges religiöses Buch gelesen zu haben, ohne je in die Kirche oder den Tempel gegangen zu sein. Jeder einzelne Yoga kann den Menschen ohne die Hilfe der anderen zur Vollendung führen, da alle das gleiche Ziel anstreben. Karma-Yoga, Jnana-Yoga und Bhakti-Yoga sind alle drei geeignet, als unmittelbare und unabhängige Werkzeuge zur Erlangung von *moksha* (Erlösung) zu dienen. »Narren allein behaupten, Arbeit und Philosophie seien zweierlei, nicht aber der Weise.« Der Erleuchtete weiß, dass sie, obgleich sie sich scheinbar voneinander unterscheiden, letzten Endes zum gleichen Ziel führen – zur Vollendung des Menschen.

VII

DAS IDEAL DES KARMA-YOGA

Es gehört zu den erhabensten Gedanken der Vedanta-Religion, dass wir auf ganz verschiedenen Pfaden zum gleichen Ziel gelangen können. Doch wollen wir hier die vier großen Hauptwege nennen: Den Pfad der Arbeit, der Liebe, der Selbstverwirklichung und der Erkenntnis. Bei solch einer Einteilung darf man aber nicht glauben, diese Wege seien deutlich voneinander abgegrenzt und einer schließe den anderen aus. Ganz im Gegenteil – einer geht in den anderen über. Doch benennen wir sie nach ihrem vorherrschenden Charakter. Es ist also nicht so, dass gewisse Menschen nur die Anlage zu arbeiten haben, ebenso wenig findet man solche, die nur ergebene Gottesdiener sind, noch andere, die ausschließlich für die Erkenntnis leben. Diese Einteilung wurde in Übereinstimmung mit den Grundcharakteren oder den Neigungen, die im Menschen die Oberhand haben, getroffen. Immer wieder zeigt es sich, dass diese vier Pfade letzten Endes einander treffen und zu einem werden. Alle Religionen, alle Arbeitsmethoden und alle Arten der Andacht führen zu ein und demselben Ziel.

Karma-Yoga ist ein ethisches und religiöses System, dessen Ziel die durch Selbstlosigkeit und gute Werke erlangte Freiheit ist. Der Karma-Yogi braucht an keinerlei Lehre, welche immer es auch sein mag, zu glauben, nicht einmal an Gott, und sich nie mit Fragen über die Seele oder mit irgendwelchen metaphysischen Spekulationen zu befassen. Er stellt sich selbst das Ziel, den Eigennutz zu überwinden, und muss sich allein dorthin durchkämpfen. Jeder Augenblick seines Lebens hat Verwirklichung zu sein; denn er muss durch bloße Arbeit, ohne die Hilfe einer Lehre oder einer Theorie, zu den gleichen Problemlösungen kommen, die sich der Jnani durch Verstand und Inspiration, der Bhakta durch Liebe erringt.

Die erste Frage lautet: »Können wir der Welt Gutes tun?« Absolut gesehen nicht, relativ betrachtet schon. Doch vermag man ihr keine dauernde Wohltat zu erweisen. Könnte man es, so wäre die Welt nicht das, was sie ist. Wir sind imstande, auf kurze Zeit den Hunger eines Menschen zu stillen, doch bald darauf ist er wieder hungrig. Jede Freude, die wir einem Menschen vermitteln, muss als etwas Flüchtiges angesehen werden. Niemand kann auf die Dauer das immer wiederkehrende Fieber der Freude und des Leides heilen. Ist es möglich, der Welt dauerndes Glück zu verschaffen? In keinem Gewässer können wir einen Wellenkamm hervorrufen, ohne dass sich gleichzeitig ein Wellental ergibt. Die Gesamtsumme des Guten in der Welt ist wie die Gesamtsumme des Schlechten zu allen Zeiten die gleiche gewesen. Sie kann weder vermehrt noch verringert werden. Betrachten wir die Geschichte der Menschheit, wie wir sie heute kennen. Finden wir nicht jederzeit die gleichen Nöte, das gleiche Glück, dieselben Freuden und Leiden, die gleichen Rangunterschiede? Hat es nicht immer Reiche und Arme, Edle und Gemeine, Gesunde und Kranke gegeben? Dies gilt für die Ägypter, Griechen und Römer ebenso wie für die heutigen Menschen. So weit uns die Geschichte bekannt ist, hat sich das nie geändert. Doch gleichzeitig sehen wir, dass es angesichts dieser unüberbrückbaren Kluft zwischen Lust und Leid ständig das ringende Bemühen gegeben hat, diese Kluft aufzufüllen. Jede Periode der Geschichte hat Tausende von Männern und Frauen hervorgebracht, die sich bemüht haben, den Lebensweg ihrer Mitmenschen zu ebnen. Wie weit ist ihnen das gelungen?

Wir können nur spielen, wenn wir den Ball von einem Ort zum anderen werfen. Wir vertreiben den Schmerz vom physischen Plan, und er begibt sich auf den psychischen. Es geht hierzu wie in Dantes Hölle, wo die Geizigen einen Goldblock über einen Hügel hinaufwälzen müssen. Jedes Mal, wenn sie ihn ein Stück weit befördert haben, rollt er wieder herunter. Alle unsere Reden vom Tausendjährigen Reich sind vielleicht nette Geschichten für die Kinderfibel, mehr aber auch nicht. Alle Nationen, die vom Tausendjährigen Reich träumen, glauben gleichzeitig, dass vor allen anderen Völkern der Erde sie dann den besten Teil für sich haben werden. So sieht der herrliche, selbstlose Traum vom Tausendjährigen Reich aus!

Wir können also das Glück in der Welt nicht vermehren, ebenso wenig aber auch das Unglück. Die Gesamtsumme der hier auf Erden entfalteten Kräfte von Lust und Leid wird immer die gleiche sein. Wir treiben diese Kräfte, wie den Ball beim Spielen, nur von einer Seite zur anderen, aber ihre Gesamtheit bleibt immer gleich, denn sie ist ihrer Natur nach unveränderlich. Ebbe und Flut, Steigen und Fallen machen das Wesen dieser Welt aus. Zu behaupten, dies entspräche nicht der Wahrheit, wäre ebenso unlogisch wie die Annahme, es gäbe Leben ohne Tod. Dies ist völlig sinnlos, denn der Begriff Leben umfasst auch den des Todes, wie der Begriff Lust den des Leides einbezieht. Die Kerze verzehrt sich dauernd, und das ist ihr Leben. Will man das Leben bewahren, so muss man in jeder Sekunde dafür sterben. Leben und Tod sind nur zwei verschiedene Benennungen für die gleiche Sache, erst von dem einen, dann von dem anderen Gesichtswinkel aus betrachtet. Sie sind das Steigen und Fallen der gleichen Welle; beide zusammen formen erst ein Ganzes. Wer das Fallen beobachtet, wird Pessimist, wer das Steigen sieht, Optimist. Solange der Knabe zur Schule geht und seine Eltern sich liebevoll seiner annehmen, ist ihm alles eine Wonne. Seine Bedürfnisse sind einfach, und er sieht das Leben optimistisch. Der Greis hingegen mit seinen vielfältigen Erfahrungen ist ruhiger geworden, und seine Glut hat sich abgekühlt. So nähren auch alte Nationen mit den Anzeichen des Verfalls weniger Hoffnungen als junge. Ein indisches Sprichwort sagt: »Tausend Jahre lang eine Stadt, tausend Jahre lang ein Wald.« Die Verwandlung einer Stadt in einen Wald oder eines Waldes in eine Stadt geht überall vor sich und macht die Menschen, je nach der Seite, von der aus sie zusehen, zu Pessimisten oder Optimisten.

Als Nächstes müssen wir den Begriff der Gleichheit untersuchen. Die Vorstellung vom alles gleichmachenden Tausendjährigen Reich war stets ein starker Beweggrund zu arbeiten und darauf hinzuwirken. Viele Religionen verkünden als einen wesentlichen Bestandteil ihrer Lehre die Heilsbotschaft, dass Gott kommen und über das Universum herrschen werde und dann alle Unterschiede aufgehoben seien. Die Menschen, die diese Lehre verbreiteten, waren zwar aufrichtig, aber ihrem Wesen nach reine Fanatiker. Das Christentum, das diese Fanatiker predigten, fußte auf dieser Verkündigung und zog deshalb so viele griechische und römische Sklaven an. Sie glaubten, unter der Religion des Tausendjährigen Reiches werde es keine Knechtschaft mehr geben und durch die Aufhebung der sozialen Unterschiede jedermann sein Auskommen haben. Deshalb scharten sie sich um die christliche Standarte.

In unserer Zeit drückt sich die Sehnsucht nach dem Tausendjährigen Reich in den Schlagworten »Freiheit, Gleichheit, Brüderlichkeit« aus. Auch das ist Fanatismus. Wirkliche Gleichheit hat es nie auf Erden gegeben und wird es nie geben. Wie könnten wir hier alle gleich sein? Dieses Hirngespinst der Gleichheit bedeutete nichts anderes als Tod. Was macht diese Welt zu dem, was sie ist? Das verlorene Gleichgewicht. Der Urzustand, den wir Chaos nennen, war der Zustand vollkommener Harmonie. Wodurch sind alle formenden Kräfte des Universums entstanden? Durch Ringen, Wettstreit oder Konflikt. Angenommen, alle Partikel der Materie befänden sich im vollkommenen Gleichgewicht. Wäre dann überhaupt ein Schöpfungsvorgang möglich? Die Wissenschaft verneint es. Stört man stehendes Wasser durch einen Steinwurf, so versucht jedes Wasserteilchen, wieder zur

Ruhe zu kommen. Genau so müht sich das Phänomen, das wir Weltall nennen – oder vielmehr alles, was darin ist –, den ursprünglichen Zustand vollkommenen Gleichgewichts wiederherzustellen. Ist er hergestellt, kommt abermals eine Störung, die zu neuen Verbindungen und Schöpfungen führt. Ungleichheit, die Folge von verlorenem Gleichgewicht, ist also die Voraussetzung für alle Schöpfung. Die Kräfte, die um Gleichheit ringen, sind jedoch ebenso notwendig für die Schöpfung wie jene, die diese Gleichheit stören.

Absolute Gleichheit im Sinne vollkommener Ausgeglichenheit aller ringenden Kräfte auf sämtlichen Ebenen kann es in dieser Welt niemals geben. Ehe dieser Zustand erreicht wäre, hätte die Erde bereits keinerlei Eignung mehr für irgendeine Art von Leben. Deshalb sind alle Ideen vom Tausendjährigen Reich und der absoluten Gleichheit nicht nur sinnlos, sondern würden bei dem Versuch, sie zu verwirklichen, mit größter Sicherheit dem Tag des Niedergangs entgegenführen.

Was unterscheidet den Menschen vom Menschen? Es ist wohl hauptsächlich die Verschiedenheit der geistigen Anlage. Heute kann wohl nur mehr ein Irrer behaupten, wir würden alle mit den gleichen Verstandeskräften geboren. Stattdessen kommen wir völlig verschieden begabt zur Welt, als bedeutendere oder unbedeutendere Menschen, und dieser vorgeburtlichen Bestimmung können wir nicht entrinnen. Absolute Unterschiedslosigkeit ist der Tod. Solange diese Welt besteht, wird und muss es Unterschiede geben, und das Tausendjährige Reich vollkommener Gleichheit kann erst anbrechen, wenn ein Schöpfungszyklus abgelaufen ist. Vorher aber ist diese Gleichheit unmöglich. Doch liegt in dem Gedanken, das Tausendjährige Reich zu verwirklichen, eine große Antriebskraft. Ebenso wie Ungleichheit für den Schöpfungsakt selbst notwendig ist, so bedarf es auch des Ringens anderer Kräfte mit dem Bestreben, diese Ungleichheit wieder aufzuheben. Wenn es kein Ringen um Freiheit und die Wiedervereinigung mit Gott gäbe, könnte es auch keine Schöpfung geben. Es ist die Gegensätzlichkeit dieser beiden Kräfte, die das Wesen der menschlichen Motive bestimmt. Immer wird es unterschiedliche Beweggründe zur Arbeit geben – die einen führen zur Knechtschaft, die anderen zur Freiheit.

Das komplizierte Räderwerk dieser Welt ist ein furchtbarer Mechanismus. Wenn wir die Hand hinhalten und sie davon erfassen lassen, sind wir verloren. Wir alle glauben, nach Erfüllung gewisser Pflichten Ruhe zu finden, doch ehe wir auch nur einem Teil dieser Pflichten nachgekommen sind, warten schon wieder neue auf uns. Wir alle werden von dieser mächtigen, komplizierten Maschine mitgeschleift. Nur zwei Wege führen aus diesen Wirrungen heraus. Der eine fordert, allem zu entsagen, was mit dieser Maschine zu tun hat, alles aufzugeben, beiseite zu treten und keine Wünsche mehr zu haben. Das lässt sich leicht sagen, doch nahezu unmöglich ausführen. Es ist nicht sicher, ob unter zwanzig Millionen Lebenden auch nur ein einziger dazu imstande ist. Der zweite Weg führt in die Welt, zum Geheimnis der Arbeit, und das ist der Weg des Karma-Yogi. Flieht nicht vor den Rädern der Weltmaschine, begebt euch mitten hinein in ihren Mechanismus und lernt, das Geheimnis der Arbeit zu ergründen. Durch richtiges Wirken inmitten des Getriebes ist es möglich, wieder herauszufinden; denn durch diesen Mechanismus führt der Weg in die Freiheit zurück.

Wir haben jetzt erfahren, was Wirken ist. Es gehört zur wesentlichen Grundlage der Welt und hat kein Ende. Wer an Gott glaubt, kann dies leichter erfassen, da er weiß, das Gott allmächtig ist und deshalb unserer Hilfe nicht bedarf. Obgleich dieses Universum weiterbestehen wird und wir arbeiten müssen, ist unser Ziel Freiheit und Selbstlosigkeit. Dieses Ziel ist nach der Lehre des Karma-Yoga durch Arbeit zu erlangen. Alle Vorstellungen, der Welt zum vollkommenen Glückszustand verhelfen zu wollen, mögen als Antrieb gut sein. Doch wollen wir nicht vergessen, dass jede Arbeit Gutes wie Böses bewirkt. Der Karma-Yogi fragt, weshalb es noch weiterer Motive zur Arbeit bedürfe. Ihm genügt als Motiv seine eingeborene Liebe zur Freiheit. Schwingt euch hinaus über die niedrigen Beweggründe der Welt! »Auf Arbeit habt ihr Anrecht, doch nicht auf deren Früchte.« Dies zu wissen und zu verwirklichen, bedarf es nur der Übung, sagt der Karma-Yogi. Wenn der Gedanke, Gutes zu tun, zu einem Teil des eigenen Wesens wird, dann sucht man nicht mehr nach Anlässen von außen. Deshalb wollen wir Gutes wirken, denn es ist gut, Gutes zu tun. Wer sich aber guten Werken weiht, um dafür den Himmel zu erlangen, mindert sich und sein Wirken herab, sagt der Karma-Yogi. Alles, was auch nur aus dem geringsten selbstsüchtigen Motiv geschieht, schmiedet, statt uns frei zu machen, neue Fesseln um unsere Füße.

Deshalb gibt es nur einen Weg: Allen Früchten unserer Arbeit entsagen, sich innerlich nicht an sie binden. Wisset: Die Welt ist nicht mit uns, wir sind nicht mit der Welt identisch. In Wahrheit sind wir nicht das selbe wie unser Leib, und in Wahrheit wirken wir nicht. Wir sind das göttliche Selbst, auf ewig in uns ruhend und voller Frieden. Wie könnte uns irgendetwas binden?

Doch ist es in diesem Leben nicht leicht, ohne Bindung zu sein. Wie können wir es erreichen? Jedes gute Werk, das wir ohne eigensüchtigen Beweggrund tun, sprengt, statt uns neue Fesseln anzulegen, ein Glied der bereits vorhandenen Kette. Jeder gute Gedanke, den wir in die Welt senden, ohne Lohn dafür zu erwarten, wird aufgespeichert, löst unsere Bande und macht uns immer reiner, bis wir zu den Makellosen dieser Welt gehören. Vielleicht mag das dem einen höchst abenteuerlich, dem anderen zu philosophisch, einem dritten mehr theoretisch als praktisch vorkommen. Ich habe so manche Schriften gelesen, die sich gegen die Bhagavad-Gita wenden, und viele Menschen haben behauptet, ohne Beweggrund könne man nicht wirken. Sie haben wahrscheinlich nie jemanden selbstlos arbeiten sehen, ausgenommen unter dem Einfluss von Fanatikern. Deshalb sprechen sie so.

Die bedeutendsten Menschen jedoch, die mehr bewirkt haben als irgendein anderer, sind unerkannt über diese Erde gegangen. Die Gottmenschen, von denen wir wissen, wie Buddha und Christus, waren nur kleine Heroen im Vergleich mit jenen Größten, von denen die Welt nichts ahnt. Hunderte dieser mächtigen Unbekannten haben in jedem Land gelebt und dort in der Stille gewirkt. Still leben sie, und still gehen sie dahin. Wenn es an der Zeit ist, nehmen ihre Ideen Gestalt an in einem Buddha oder in einem Jesus und werden uns durch diese vermittelt. Diese Größten sind namenlos, und sie wollen keinen Ruhm aus ihrer Weisheit ziehen. Sie übergeben der Welt ihre Ideen durch den Mund anderer, erheben keinen Anspruch für sich, gründen keine Schulen und erstellen keine Systeme, die ihren Namen trügen. Solche Dinge sind viel zu gering, als dass das Wesen dieser Namenlosen von ihnen berührt werden könnte, sie sind reine Sattvikas, die kein Aufsehen erregen, sondern die lautere Liebe sind. Ich habe solch einen Yogi gesehen, der in einer Höhle in Indien lebt. Er ist der herrlichste Mensch, dem man begegnen kann. So vollkommen hat er das Empfinden für sich als Einzelwesen verloren, dass man wohl sagen kann, der Mensch in ihm ist völlig geschwunden, und einzig das alles verstehende Gefühl des Göttlichen hat noch Wohnung in diesem Leib. Alles, was auf ihn zukommt, ist von Gott. Er zeigt sich den Menschen nicht und ist doch ein Quell an Liebe und an wahren und zartesten Gedanken.

Als Nächste in der Hierarchie kommen die Menschen mit mehr *rajas* oder Aktivität. Kämpfernaturen, welche die Ideen der Vollkommenen aufnehmen und sie der Welt verkünden. Die Vollendeten lassen in der Stille die wahren und edlen Ideen in sich reifen, und die anderen – ein Buddha oder ein Jesus – gehen verkündend und wirkend über die Erde. Immer wieder erwähnt Gautama Buddha, er sei der fünfundzwanzigste Buddha. Die vierundzwanzig vor ihm sind der Geschichte unbekannt, obgleich sie den Grund zu dem gelegt haben, was der geschichtliche Buddha ausgebaut hat. Die Allergrößten sind still, wortlos und unbekannt. Sie sind es, die wahrlich die Macht des Gedankens kennen. Sie wissen, dass, selbst wenn sie in einer Höhle mit versperrtem Eingang leben und sich dort auf fünf Gedanken der Wahrheit konzentrieren, diese ihre fünf Gedanken bis in alle

Ewigkeit lebendig bleiben werden. Solche Gedanken durchdringen Berge, überqueren Ozeane und erobern das Weltall. Sie senken sich tief ins Herz und Hirn und rufen Männer und Frauen ins Dasein, die ihnen durch ihr Wirken lebendigen Ausdruck verleihen. Doch diese Sattvikas sind dem Herrn zu nahe, als dass sie aktiv und streitbar sein und arbeiten, ringen, verkünden und der Menschheit hier auf Erden, wie man sagt, Gutes erweisen könnten. In den aktiv Wirkenden, mögen sie noch so edel sein, birgt sich immer noch ein Rest an Unwissenheit; denn wir können nur dann wirken, wenn sich in unserer Natur noch eine Spur von Unreinheit findet. Es liegt im Wesen der Arbeit, sich von Motiven und Bindungen antreiben zu lassen.

Es gibt aber einen Menschen, der wahrlich die Lehre des Karma-Yoga in die Praxis umgesetzt hat. Dieser Mensch ist Buddha. Als Einziger hat er diese Lehre vollkommen verwirklicht. Alle Propheten dieser Welt, außer Buddha, hatten äußere Beweggründe, die Menschen zur Selbstlosigkeit anzuhalten. Alle Propheten dieser Welt, mit jener einen Ausnahme, können in zwei Gruppen eingeteilt werden. Die einen geben sich als auf diese Welt gesandte Inkarnationen Gottes zu erkennen, die anderen verkünden, sie seien nur Boten Gottes. Beide beziehen ihren Antrieb zur Arbeit von außen, mögen ihre Worte auch noch so sehr vom Geist getragen sein. Buddha aber ist der einzige Prophet, der sagt: »All eure Lehren von Gott – ich will sie nicht wissen. Was nützt es, über noch so scharfsinnige Seelentheorien zu sprechen? Tut Gutes und seid gut. Das wird euch zur Freiheit führen und zur Wahrheit, wie immer sie auch beschaffen sein mag.« Alles, was er in diesem Leben getan hat, war völlig frei von persönlichen Gründen, und wer hätte mehr gewirkt als er? Wo gäbe es in der ganzen Welt einen zweiten Charakter, von so hoher, alles überragender innerer Haltung? Die Menschheit hat nur ein einziges Mal solch eine Persönlichkeit hervorgebracht, der die höchste Weisheit und das tiefste, für alle Geschöpfe gültige Erbarmen eigen war. Dieser große Erleuchtete, der die sublimsten Dinge lehrte, war voller Mitgefühl selbst für das Geringste unter den Tieren und kannte keine Forderung für seine eigene Person. Er ist der ideale Karma-Yogi, denn er wirkte ohne Beweggrund. Die Geschichte der Menschheit preist ihn als den größten Menschen, der je geboren wurde, als die herrlichste Verbindung von Gefühl und Geist, die je in die Welt gekommen ist, als die gewaltigste Seelengröße, die sich je offenbart hat. Er ist der erste Reformator, den die Welt gesehen hat, und der Erste, der zu sagen wagte: »Glaubt nicht aufgrund alter Schriften, glaubt nicht aufgrund eures Landesglaubens oder aufgrund dessen, was man euch als Kinder gelehrt hat. Überdenkt alles, und nachdem ihr jede Einzelheit geprüft habt und zu dem Schluss gekommen seid, dass es zu eurem und zum Besten aller ist, dann glaubt, dann lebt euren Glauben und helft anderen, ihn ebenfalls nachzuleben.« Jener arbeitet am besten, der ohne Beweggrund arbeitet, weder um Geld, noch um Ruhm, noch um anderer Vorteile willen. Wer dies bis ins Letzte durchführt, ist ein Buddha. Aus ihm wird die Kraft entsteigen, so zu wirken, dass die Welt sich wandeln muss. Dieser Mensch ist dann fürwahr das Gestalt gewordene höchste Ideal des Karma-Yoga.

VIII

FREIHEIT

Alles, was wir rings um uns bemerken, kämpft sich zur Freiheit hin, angefangen vom Atom bis hinauf zum Menschen, vom gefühllosen, unbelebten Partikel der Materie bis zur höchsten Existenz auf Erden, der menschlichen Seele. Tatsächlich ist das ganze Weltall das Resultat dieses Freiheitskampfes. In allen Verbindungen versucht jedes Teilchen seinen eigenen Weg zu gehen, sich von den anderen Teilchen freizumachen. Unsere Erde bemüht sich, der Sonne zu entfliehen, der Mond will sich von der Erde befreien. Alles trägt im Inneren die Neigung, sich ins Unendliche zu verstreuen. Für alles, was in diesem Weltall existiert, gibt es im Grunde nur eines – den ständigen Kampf um die Freiheit. Unter dem Zwang dieser Bestrebung geschieht es, dass der Heilige betet und der Räuber plündert. Diese Zusammenstellung soll uns nicht wundern. Mag uns eine Tat gut oder böse vorkommen, der Impuls ist immer der Gleiche: Stets handelt es sich um das Ringen nach Freiheit. Den Heiligen bedrückt die Bürde der Einsicht in seinen Zustand der Unfreiheit. Er strebt danach, sie abwerfen zu können, indem er um Freiheit fleht. Deshalb betet er zu Gott. Den Dieb quält der Gedanke, gewisse Dinge nicht zu besitzen, und es verlangt ihn danach, diesem Mangel abzuhelfen, um frei von ihm zu sein. Deshalb stiehlt er. Freiheit ist das Ziel aller Schöpfung, der fühlenden wie der fühllosen. Bewusst oder unbewusst drängt sich alles diesem Ziel entgegen. Allerdings unterscheidet sich die Freiheit, die der Heilige erstrebt, wesentlich von derjenigen, die der Dieb sucht. Die Freiheit, nach welcher der Heilige sich sehnt, führt ihn zum Genuss endloser, unaussprechlicher Wonnen, während jene, die dem Herzen des Diebes so wünschenswert erscheint, seiner Seele nur neue Fesseln schmiedet.

In jeder Religion finden sich unzählige Beweise für dieses Ringen nach Freiheit. Es ist das Fundament aller Ethik, aller Selbstlosigkeit und bedeutet nichts anderes als das Entrinnenwollen aus der Enge des Gedankens, der Mensch sei identisch mit seinem armseligen Leib. Wenn ein Mensch Gutes tut und anderen hilft, so beweist dies, dass er nicht gebunden ist an die Grenzen des kleinen Kreises von »Ich« und »Mein«. Dem Willen, der Selbstsucht zu entgehen, sind keine Grenzen gesetzt. Alle großen Werke der Ethik sprechen von der Selbstlosigkeit als dem einen großen Ziel. Tritt der Fall ein, und ein Mensch erreicht absolute Selbstlosigkeit, was wird dann aus ihm? Er ist nicht mehr beschränkt auf das kleine Wirkungsfeld seiner irdischen Erscheinung, sondern reicht in unendliche Weiten. Die armselige Persönlichkeit, die vorher die seine gewesen ist, hat er auf immer abgestreift: Er ist grenzenlos geworden! Die Erlangung dieser grenzenlosen Weite ist wahrlich das Ziel jeder Religion, jeder Ethik und jeder philosophischen Lehre. Doch der Individualist erschrickt, wenn ihm diese Idee begegnet. Zwar lehrt er, sofern er die Moral vertritt, nichts anderes. Er setzt der Selbstlosigkeit des Menschen keine Grenzen. Angenommen, ein Mensch, der dem Individualismus anhängt, wird vollkommen selbstlos. Wie unterscheidet er sich dann von den Zugehörigen anderer Weltanschauungen, die zu dem gleichen Ziel gelangt sind? Er ist eins geworden mit dem Weltall, und das zu erreichen, ist das Ziel aller. Nur hat der Individualist nicht den Mut, seinen eigenen Gedanken bis Ende zu durchdenken. Jede selbstsüchtige Handlung verzögert die Erreichung dieses Zieles, und jede selbstlose Tat bringt uns ihm näher. Deshalb muss die einzig richtige Definition von Ethik lauten: »Ethik ist jene Lehre, die Selbstsucht ablehnt und, Selbstlosigkeit bejaht.«

Dies hört sich einfach an. Befasst man sich jedoch mit Einzelheiten dieses Gebietes, so sieht man, dass es voller Schwierigkeiten ist. Wie schon erwähnt, spielt zum Beispiel bei der Beurteilung einer Tat die Umgebung eine wesentliche Rolle. Die gleiche Handlung kann unter bestimmten Gegebenheiten selbstlos sein, die unter anderen Bedingungen durchaus selbstsüchtig ist. Deshalb sind wir hier nur imstande, einen allgemeinen Überblick zu geben und dürfen nur da ein Urteil fällen, wo wir Zeit, Ort und Umstände genau kennen.

Das Ziel der gesamten Natur ist Freiheit, und Freiheit kann nur durch vollkommene Selbstlosigkeit erlangt werden. Jede selbstlose Regung in Gedanke, Wort und Tat bringt uns diesem Ziel näher und wird deshalb als ethisch bezeichnet. Diese Definition ist, wie man leicht feststellen kann, für jede Religion und jede ethische Lehre gültig. In manchen Lehren wird der Ursprung der Ethik dem höchsten Wesen, Gott, zugeschrieben. Stellt man seinen Anhängern die Frage, warum man dieses tun und jenes lassen müsse, so lautet die Antwort: »Weil Gott es so befohlen hat.« Was auch immer der Quell der Ethik sein mag, stets kreist ihre Lehre um die gleiche zentrale Idee der Selbstentsagung. Dennoch gibt es Menschen, die trotz dieses hohen ethischen Ideals vor dem Gedanken Angst haben, ihre kleine Persönlichkeit aufzugeben. Man sollte einen Anhänger des Individualismus auffordern, sich mit dem Fall eines Menschen zu befassen, der vollkommen selbstlos geworden ist, der keinen Gedanken mehr an sich verschwendet, der keine Tat für sich begehrt, der kein Wort für sich spricht – dann soll er uns sagen, wo das Ich dieses Menschen eigentlich ist. Dieses Ich existiert nur, solange er für sich handelt, spricht oder denkt. Wenn er sich nur seiner Mitmenschen, des Universums, des Alls bewusst ist, wo steckt dann sein Ich? Es ist für immer dahin.

Wir haben festgestellt, dass das Wort Karma nicht nur Arbeit bedeutet, sondern auch den Begriff Kausalität einschließt.

Die Wirkung jedes Gedankens, jedes Wortes und jeder Tat wird Karma genannt. Daher ist das Gesetz des Karma gleichzeitig auch das Gesetz der Kausalität, der unvermeidlichen Folge von Ursache und Wirkung. Wo immer sich eine Ursache zeigt, muss auch eine Wirkung zustande kommen. Dieser notwendigen Folge kann sich nichts entziehen, und ihr Gesetz ist unserer Überzeugung nach im ganzen Weltall gültig. Was immer wir sehen, fühlen oder tun, jede Handlung, wo immer sie auch ausgeführt werden mag, wird, während sie einerseits die Wirkung einer vergangenen Handlung ist, ihrerseits wieder zur Ursache, die neue Wirkungen nach sich zieht.

Gleichzeitig ist es notwendig, zu überprüfen, was unter dem Wort »Gesetz« zu verstehen ist. Es bezeichnet die Tendenz eines Ablaufes, sich zu wiederholen. Wenn wir sehen, wie eine Begebenheit der anderen folgt oder sich manchmal gleichzeitig mit einer anderen ereignet, erwarten wir, dass diese Folge oder Gleichzeitigkeit sich immer von Neuem wiederholt. Unsere alten Philosophen der Nyaga-Schule nennen dieses Gesetz *vyapti*. Ihrer Lehre nach sind alle unsere Gesetzesbegriffe die Folge von Assoziationen. Eine Reihe von Erscheinungen verbindet sich mit bereits im Bewusstsein vorhandenen Inhalten zu einer unveränderlichen Ordnung: Alles, was immer wir wahrnehmen, wird also unmittelbar an anderes, schon im Bewusstsein Vorhandenes verwiesen. Jede Idee, oder um bei unserem Bild zu bleiben, jede Welle, die in unserer Denksubstanz (*chitta*) erzeugt wird, muss jedes Mal viele gleichartige Wellen hervorrufen. Dies ist der philosophische Begriff von Assoziation, und die Kausalität ist nur ein Aspekt dieses grandiosen, überall gültigen Prinzips der Assoziation.

Der Begriff *Gesetz* ist für die äußere Welt der gleiche wie für die innere, nämlich die Sicherheit, dass eine bestimmte Erscheinung eine andere zur Folge hat und diese Folge sich wiederholen wird. Daher gibt es streng genommen in der Natur kein Gesetz. Tatsächlich ist es ein Irrtum, zu behaupten, das Gesetz der Schwerkraft gehe von der Erde aus oder es gäbe objektiv in der Natur irgendein Gesetz. Das Gesetz entsteht erst durch die Methode, die Eigenart unseres Denkvermögens, eine Reihe von Erscheinungen aufzunehmen. Es liegt also in uns. Gewisse Erscheinungen, die nacheinander oder gleichzeitig auftreten, sowie die Überzeugung von der Regelmäßigkeit ihrer Wiederkehr befähigen uns, den Prozess des ganzen Ablaufes zu erfassen. Diese angenommene Regelmäßigkeit nennen wir Gesetz.

Die nächste Frage, die sich uns stellt, lautet: Was verstehen wir darunter, wenn wir sagen, ein Gesetz sei universell gültig? Das Universum ist jenes Gebiet, dessen Kennzeichen der Sanskrit-Philosoph *deschakala-nimitta* nennt, was dem westlichen Begriff von Raum, Zeit und Kausalität gleichkommt. Dieses Weltall ist nur ein Teil des unendlichen Seins, jener Abschnitt, der in die Gussform Raum, Zeit und Kausalität geworfen wurde. Daraus folgt notwendigerweise, dass Gesetze nur in diesem bedingten Weltall möglich und nicht darüber hinaus gültig sind. Wenn wir von Weltall sprechen, so meinen wir damit diesen Seinsteil, den die Grenzen unserer Vorstellung umfassen. Das Weltall unserer Sinne, das wir sehen, fühlen, berühren, hören, erforschen und uns vorstellen können, das allein steht unter dem Gesetz. Doch darüber hinaus ist das Sein dem Gesetz nicht untertan, da Kausalität nicht über die Welt unserer Vorstellung hinaus gültig ist. Alles, was die Spannweite unserer Sinne und unserer Begriffe überragt, ist nicht an das Gesetz der Kausalität gebunden, da es in der Region, die unseren Sinnen und unserem Denken nicht erreichbar ist, keine menschlich geistige Ideenassoziationen gibt; und weil ohne Ideenassoziation keine Kausalität existiert. Nur wenn Sein sich in Name und Form gießt, gehorcht es dem Gesetz der Kausalität und steht unter dem Gesetz, da alle Gesetzmäßigkeit auf Kausalität gegründet ist.

Daher sehen wir ohne Weiteres ein, dass es so etwas wie freien Willen gar nicht geben kann. Diese beiden Worte selbst sind schon ein Widerspruch in sich; denn Wille ist etwas uns Bekanntes. Alles, was wir kennen, liegt innerhalb unseres Weltalls, und alles innerhalb unseres Weltalls untersteht den Bedingungen von Raum, Zeit und Kausalität. Alles, was wir wissen oder wissen können, muss notwendigerweise der Kausalität unterworfen sein, und alles, was dem Gesetz der Kausalität gehorcht, ist nicht frei. Andere Kräfte wirken darauf ein, und es wird seinerseits zur Ursache weiterer Wirkungen. Aber das, was vorher nicht Wille war, sich aber, als es in die Gussform Raum, Zeit und Kausalität fiel, zum menschlichen Willen gewandelt hat, das ist frei. Wenn sich dieser menschliche Wille wieder aus der Gussform Raum, Zeit, Kausalität löst, wird er abermals frei. Er kommt aus der Freiheit, gerät in Knechtschaft und kehrt wieder zur Freiheit zurück.

Die Frage wurde gestellt, woher dieses Weltall komme, worin es verharre und wohin es gehe. Eine Antwort darauf lautet: Es kommt aus der Freiheit, verharrt in Knechtschaft und kehrt wieder zur Freiheit zurück. Wenn wir also im Menschen nichts anderes sehen als das unendliche Sein, das sich manifestiert, so wissen wir, dass nur ein winzig kleiner Teil davon der Mensch auf Erden ist. Dieser Leib, dieser Verstand, mit denen wir zu schaffen haben, sind nur ein Teil des Ganzen, nur ein Atom des gewaltigen, unendlichen Seins. Dieses ganze Weltall ist nicht mehr als ein Tropfen davon. Alle unsere Gesetze, Bindungen, Freuden und Leiden, unsere Seligkeit und unsere Erwartungen haben nur Gültigkeit innerhalb dieses kleinen Universums. All unser Fortschritt und unser Irrtum zählen nur in diesem schmalen Bereich. Daraus ersieht man, wie kindisch es ist, eine Fortdauer dieses Weltalls – dieser Schöpfung unserer eigenen Vorstellung – zu erwarten und auf den Himmel zu hoffen, der mehr oder weniger eine Fortsetzung der uns bekannten Welt sein muss. Man sieht ohne Weiteres, was für ein sinnloses und kindisches Verlangen es ist, das ganze, unendliche Sein dem bedingten, begrenzten, uns bekannten Dasein gleichsetzen zu wollen. Wenn ein Mensch sich vor aller Wandlung fürchtet und aus Angst alles so haben und festhalten will, wie es ist, oder, wie ich es einmal ausgedrückt habe, wenn er eine bequeme Religion haben möchte, dann weiß man, er ist dermaßen in diese Welt verstrickt und so verloren, dass er seine Herkunft aus dem Unendlichen vergessen hat und nichts Höheres mehr kennt als das, was er jetzt ist. Er weiß nichts mehr von der Freiheit, aus der er kommt, und sein ganzes Denken beschränkt sich auf die kleinen Freuden, Sorgen und Herzenswünsche des Augenblicks. Er hält das Endliche für das Unendliche und will, dessen nicht genug, von dieser Torheit auch nicht ablassen. Verzweifelt versucht er, sich den Durst nach Leben zu erhalten, nach dem, was der Buddhist *tanha* und *trishna* nennt. Doch gibt es vielleicht unendlich viele Arten von Glück, von Wesen, Gesetzen, Entwicklungen, Ursachen und Wirkungen, die außerhalb dieses kleinen Weltalls, das wir kennen, ihre Gültigkeit haben, und selbst dies alles zusammen macht nur einen Bruchteil unseres unendlichen Wesens aus.

Um Freiheit zu gewinnen, müssen wir über die Grenzen dieses Weltalls hinausgreifen. Hier ist sie nicht zu finden. Vollkommene Ausgeglichenheit, oder das, was die Bibel den »Frieden über alles Ermessen« nennt, kann nicht erworben werden in diesem Weltall, noch im Himmel, noch an irgendeinem anderen Ort, wohin unser Verstand reicht, wo unsere Sinne wahrnehmen oder von dem unsere Vorstellung sich ein Bild macht. Keine Freiheit kann uns dort zuteil werden, denn all dies befindet sich innerhalb unserer Welt und ist begrenzt durch Raum, Zeit und Kausalität. Es kann wohl Orte geben, die ätherischer sind als unsere Erde, wo die Freuden tiefer gehen, aber selbst diese Orte liegen innerhalb unseres Weltalls und sind deshalb dem Gesetz unterworfen. Darüber hinaus müssen wir gelangen, und dort fängt wahre Religion an, wo unser kleines Universum aufhört. Dort enden alle unsere kleinen Freuden und Leiden, dort endet all unser Wissen, und die Wirklichkeit beginnt. Ehe wir nicht den Durst nach Leben, diese mächtige Verbundenheit mit unserem vergänglichen, bedingten Dasein, überwinden, haben wir keine Hoffnung, auch nur einen Schimmer der unendlichen Freiheit jenseits dieser Grenzen auffangen zu können.

Es ist daher klar, dass es nur einen einzigen Weg gibt, zu

jener Freiheit zu gelangen – und dies ist das Ziel des edelsten menschlichen Strebens –, und an seinem Wegweiser steht: Gib auf dieses winzige, nichtige Leben, gib auf diese Erde, gib auf dieses kleine, geringe Weltall, den Himmel gib auf, deinen Leib, deinen Verstand und alles, alles, was begrenzt und bedingt ist. Sobald wir unserer Verbundenheit mit diesem geringfügigen Universum der Sinne entsagen, werden wir augenblicklich frei. Der einzige Weg, der zur Freiheit führt, geht hinaus über die Grenzen von Gesetz und Kausalität.

Doch ist es unsagbar schwer, den Griff zu lösen, mit dem man sich an das Weltall klammert. Nur wenigen gelingt es. Zwei Lebenshaltungen, von denen unsere heiligen Schriften sprechen, führen dorthin. Die eine wird »*neti, neti*« (nicht dies, nicht dies) genannt, die andere »*iti*« (dies). Die erste ist die negative, die zweite die positive Einstellung. Der negative Weg ist ein äußerst schwieriger und nur den Menschen von höchster, außergewöhnlicher Geistigkeit und gigantischem Willen zugänglich. Nur jene, die aufstehen und sagen: »Nein, dies will ich nicht haben«, und Körper und Geist ihrem Willen unterwerfen, können ihn bis zum Ende gehen. Diese Wenigen aber sind gezählt. Die meisten Menschen wählen den positiven Weg, den Weg, der durch die Welt führt, auf dem sie sich aller Bande bedienen, um sie schließlich zu sprengen. Auch dies ist eine Art von Entsagung, nur vollzieht sie sich langsam und allmählich, geht über das Kennenlernen der Dinge, über die Freude an den Dingen hinaus und kommt so zur Erfahrung und zur Erkenntnis vom Wesen der Dinge, bis der Geist schließlich aller Dinge ledig und frei wird. Der erste Weg zur Erlangung des Nichtverhaftetseins geht über die Einsicht, der zweite über Arbeit und Erfahrung. Der erste ist der Pfad des Jnana-Yogis und ist gekennzeichnet durch dessen schwierigen Entschluss, allem Tun zu entsagen. Der zweite ist derjenige des Karma-Yogis, der sich der unausgesetzten Arbeit weiht. Jeder muss wirken in diesem Weltall. Nur jene, die vollkommenes Genüge gefunden haben im ewigen Selbst, die kein Verlangen kennen, das nicht das Selbst beträfe, deren Geist niemals abirrt vom Selbst, für die das Selbst das Einzige ist, nur sie stehen jenseits allen Wirkens. Alle Übrigen müssen arbeiten. Ein Strom rauscht über sein eigenes natürliches Gefälle talwärts, gerät in eine Höhlung, kreist darin, und nachdem er sich ein wenig als Strudel gedreht hat, fließt er weiter und ist wieder der freie, ungehemmte Strom wie zuvor. Jedes menschliche Leben gleicht diesem Strom. Es gerät in den Strudel, wird in diese Welt von Raum, Zeit und Kausalität verstrickt, ein wenig darin herumgewirbelt, während es aufschreit: »Mein Vater, mein Bruder, mein Ruf, mein Ruhm!« Schließlich taucht es wieder daraus auf und findet seine urtümliche Freiheit zurück. Das ganze Weltall macht diesen Ablauf durch. Ob wir es ahnen oder nicht, wir alle arbeiten, bewusst oder unbewusst, daran, aus dem Traum »Welt« zu erwachen. Die Erfahrungen, die wir in der Welt machen, befähigen uns dazu, dem Strudel wieder zu entrinnen.

Was ist Karma-Yoga? Das Wissen um das Geheimnis der Arbeit. Wir sehen, dass das ganze Weltall arbeitet. Warum? Um des Heils, um der Freiheit willen. Vom Atom bis zum höchsten Wesen arbeitet alles auf das eine Ziel, auf Freiheit hin, Freiheit für Körper, Seele und Geist. Alles bemüht sich darum, sie zu erlangen, und flieht die Knechtschaft. Sonne, Mond, die Erde, die Planeten, sie alle streben danach, die Fesseln zu sprengen. Die Zentrifugal- und die Zentripetalkräfte der Natur sind wahrlich kennzeichnend für unser Weltall. Statt uns in diesem Universum hin und her stoßen zu lassen, um uns nach langem Aufschub und unsagbaren Mühen einen Einblick in das Wesen der Dinge zu gewähren, bietet uns der Karma-Yoga das Geheimnis der Arbeit, die Methode der Arbeit, die ordnende Macht der Arbeit. Gewaltige Energiemengen werden vertan, wenn wir nicht wissen, wie sie anzuwenden sind. Der Karma-Yoga macht aus der Arbeit eine Wissenschaft. Er lehrt uns, wie wir alles Wirken in dieser Welt am besten nutzbar machen. Arbeit ist unvermeidlich, sie muss geleistet werden. Doch sollen wir sie so zweckdienlich wie möglich ausführen. Karma-Yoga vermittelt uns die Einsicht, dass diese Welt nur ein flüchtiger Übergang ist, den wir durchschreiten müssen, und dass Freiheit nicht in ihr, sondern nur außerhalb ihrer Begrenzungen zu erlangen ist. Um den Weg aus der Knechtschaft dieser Welt zu finden, müssen wir sie erst langsam und sicher durchwandern. Zwar gibt es jene seltenen, überragenden Menschen, von denen wir soeben gehört haben, die so leicht beiseite treten und der Welt entsagen, wie die Schlange eine Haut abstreift, davon abrückt und sie als etwas nicht zu ihr Gehöriges anschaut – zweifellos gibt es solche Persönlichkeiten. Aber die übrige Menschheit hat langsam den Weg durch die Welt der Arbeit zurückzulegen. Karma-Yoga lehrt den Ablauf, das Geheimnis und die Methode, wie dies am besten zu geschehen hat.

Was heißt das: »Arbeite unausgesetzt, aber entsage aller Bindung an deine Arbeit«? Identifizieren wir uns nicht mit ihr! Unsere Seele darf nicht von unserem Wirken berührt werden. Alles, was wir ringsum sehen, Leid und Elend sind nichts anderes als die unvermeidlichen Zustände dieser Welt, Armut, Reichtum und Glück nichts als Dinge des flüchtigen Augenblicks. Sie gehören nicht zu unserem wahren Wesen, das weit über alles Leid und Glück hinausreicht, über jedes Objekt unserer Sinne, über jede Vorstellung. Doch wir müssen pausenlos weiterarbeiten. Elend kommt durch Unfreiheit, nicht durch Arbeit. Sobald wir uns mit der Arbeit, die wir leisten, identifizieren, macht sie uns unglücklich. Tun wir das aber nicht, so kann sie uns nichts anhaben. Wenn ein herrliches Gemälde, das einem anderen gehört, verbrennt, sind wir gewöhnlich nicht betrübt; nimmt aber ein eigenes Bild Schaden, so bereitet uns das Kummer. Warum? Beides waren schöne Werke, vielleicht sogar Kopien des gleichen Originals. Doch berührt uns der eigene Verlust viel tiefer als der unseres Mitmenschen, und das deshalb, weil wir uns mit dem eigenen Besitz identifizieren, nicht aber mit dem Eigentum eines anderen. Dieses »Ich« und »Mein« ist die Ursache allen Elends. Mit dem Sinn für Besitz entsteht die Selbstsucht, und Selbstsucht hat Elend im Gefolge. Jede selbstsüchtige Handlung, jeder eigennützige Gedanke bindet uns an etwas und macht uns augenblicklich zu Sklaven. Jeder Gedanke des »Ich« und »Mein« wirft uns in Ketten und verknechtet uns. Je öfter wir sagen »Ich« und »Mein«, desto tiefer fallen wir in Knechtschaft, desto drückender wird unsere Not. Deswegen lehrt der Karma-Yoga, wir sollen uns an der Schönheit aller Bilder auf dieser Welt erfreuen, uns aber mit keinem von ihnen identifizieren. Sagt niemals »mein«. So oft wir sagen: »Dies ist mein«, hat uns das Elend bereits in den Klauen. Sagt nicht einmal, selbst nicht in Gedanken: »Dies ist mein Kind.« Habt das Kind, aber nennt es nicht »mein«. Tut ihr es doch, so seid allen Kummers gewärtig. Sagt nicht: »Mein Haus«, sagt nicht: »Mein Leib.« Von dieser Einstellung geht alle Schwierigkeit aus. Der Leib gehört nicht uns, nicht mir, noch sonst jemandem. Dieser Leib kommt und geht nach dem Gesetz der Natur, wir aber sind frei und stehen als Zuschauer daneben. Dieser Leib ist nicht freier als ein Gemälde oder eine Wand. Warum sollten wir uns so sehr an ihn hängen? Der Maler malt ein Bild, vollendet es und geht zum nächsten über. Wir wollen nicht den Fühler der Selbstsucht ausstrecken und sagen: »Ich muss es besitzen.« Sobald dies geschieht, beginnt die Not.

Deshalb lehrt der Karma-Yoga: Unterbindet zunächst die Neigung, diesen Fühler der Selbstsucht auszustrecken, und habt ihr es in der Gewalt, sie zu hemmen, dann haltet sie zurück und erlaubt auch eurem Inneren nicht, sich von der Welle der Selbstsucht überspülen zu lassen. Dann geht hinaus in die Welt und arbeitet, so viel ihr könnt. Mischt euch unter alle Menschen und geht, wohin es euch gefällt. Nichts Unreines kann euch besudeln. Seid wie das Lotosblatt im Wasser, kein Tropfen vermag es zu netzen, noch an ihm haften zu bleiben. Genau so werdet ihr in der Welt leben. Diese Haltung wird *vairagya* genannt, Leidenschaftslosigkeit oder Nichtverhaftetsein. Wie schon einmal gesagt: Es gibt keinen Yoga, welcher der Unverbundenheit entsagen könnte. Ungebundenheit ist die Basis jedes Yogas. Mag einer auch darauf verzichtet haben, in einem Haus zu wohnen, schöne Kleider zu tragen, gute Dinge zu essen und statt dessen in der Wüste leben, so kann er deswegen immer noch ein sehr gebundener Mensch sein. Sein einziger Besitz, sein Leib, bedeutet ihm dann vielleicht alles, und sein ganzer Lebenskampf gilt einzig dem Wohl dieses Leibes. Loslösung hat nichts mit unserem sichtbaren Körper zu tun, sondern ist ein rein geistiger Zustand. Das bindende Kettenglied, das »Ich« und »Mein«, liegt in uns. Verbindet einen dieses Glied nicht mit dem Leib und den Sinnesgegenständen, dann ist man unverhaftet, was immer geschehen, wo immer man sein mag. Der Mensch kann auf einem Thron sitzen, herrschen und doch frei sein. Ein anderer geht vielleicht in Lumpen und ist noch tief verhaftet. Zuerst haben wir diesen Zustand der Unverbundenheit zu erreichen und dann pausenlos zu arbeiten. Dies ist gewiss nicht leicht; doch der Karma-Yoga gibt uns Weisungen, die uns helfen, alle Bande aufgeben zu können.

Hierzu führen zwei Wege. Den einen gehen jene, die an keinen Gott und an keine Hilfe von außen glauben. Sie sind ganz auf sich selbst angewiesen, wirken nach ihrem eigenen Willen, ihrer geistigen Kraft und ihrer Einsicht und sagen: »Ich muss frei sein von aller Bindung.« Der andere, viel leichtere Weg ist jenen bestimmt, die an einen Gott glauben. Sie weihen die Früchte ihrer Arbeit dem Herrn, sie schaffen und hängen sich nicht an das Ergebnis ihres Wirkens. Was immer sie sehen, fühlen, hören oder tun, alles ist Sein Eigen. Was immer sie an guten Werken verrichten, sie wollen kein Lob und keinen Nutzen daraus ernten. Alles gehört dem Herrn, Arbeit und Früchte. Sie treten beiseite und wissen in ihrem Herzen, dass sie nur Diener sind, die dem Herrn, ihrem Meister, gehorchen; und dass in jedem Augenblick jeder Antrieb zu jeder Tat von Ihm kommt. Was immer sie anbeten, was immer sie empfinden, was immer sie tun, alles bringen sie dem Herrn dar und finden in dieser Einstellung die innere Ruhe. Sie leben in Frieden, in vollkommenem Frieden mit sich selbst und geben Leib und Seele als ein ewiges Opfer dem Herrn. Statt Gaben in das Opferfeuer zu werfen, vollziehen sie pausenlos und immer wieder von Neuem die ewige Opferung ihres eigenen kleinen Ichs. »Auf der Suche nach Werten in dieser Welt habe ich erkannt: Du bist der einzige Wert. Dir bringe ich mich zum Opfer dar.« Unaufhörlich wollen wir dies in unserem Inneren wiederholen: »Nichts sei für mich, gleichgültig, ob etwas gut, schlecht oder mittelmäßig ist. Ich begehre seiner nicht, denn ich weihe alles dem Herrn.« Unentwegt wollen wir uns von unserem trügerischen Ich lossagen, bis uns diese Haltung selbstverständlich, bis sie uns ins Blut, in die Nerven und in das Gehirn eingegangen ist und der ganze Körper in jedem Augenblick den Weisungen der Selbstverleugnung gehorcht. Dann können wir uns überall, selbst mitten in der Schlacht mit ihren brüllenden Kanonen und ihrem Kriegsgetümmel, völlig frei fühlen und in Frieden.

Der Karma-Yoga lehrt, dass die Pflicht, wie sie gewöhnlich aufgefasst wird, nicht zu den Begriffen der höheren Lebenseinstellung gehört. Dennoch haben wir alle unsere Pflicht zu tun. Doch diese weit verbreitete, besondere Ansicht über Pflicht ist vielfach der Quell von großer Pein. Diese Art Pflicht kann zu einer Krankheit werden, sie treibt uns wie ein Fieber, bekommt Gewalt über uns, macht uns das Leben zur Qual und vergiftet unsere Gedanken. Diese Art Pflicht, diese besondere Auffassung von Pflicht, ist die mittägliche Sommersonne, die der Menschheit die innerste Seele versengt. Schauen wir uns diese armen Sklaven der Pflicht an! Weder zu Gebet noch zu Reinigung lässt diese Pflicht ihnen genügend Zeit. Immer stehen sie unter ihrem Druck. Morgens gehen sie fort zur Arbeit, und schon lastet die Pflicht als Bürde auf ihnen. Abends kommen sie heim, denken bereits an die Arbeit des nächsten Tages, und noch immer drückt das gleiche Gewicht sie nieder. Sie machen aus ihrem Leben ein Sklavendasein. Eines Tages brechen sie dann auf der Straße zusammen und sterben, angeschirrt wie ein Ackergaul. So verläuft das Leben der Vielen, die in der Pflicht nur die Last sehen. Doch die einzig wahre Ausübung der Pflicht ist: Losgelöst von allen Bindungen als freie Wesen arbeiten und

Gott die Früchte dieser Arbeit zu weihen. Alle unsere Pflichten sind Gottes. Glücklich dürfen wir uns schätzen, dass wir hierher berufen wurden zum Ausüben unserer Pflicht. Doch ob wir unserer Zeit gut oder schlecht dienen – wer weiß es? Mag es gut sein, was wir tun – die Früchte genießen wir nicht; mag es schlecht sein – der Kummer trifft uns nicht. Bleibt gelassen, frei und arbeitsam! Diese Art von Freiheit zu erlangen, fällt nicht leicht. Wie einfach ist es, Sklaverei – die krankhafte Bindung des Fleisches an das Fleisch – als Pflicht anzusehen! Da geht der Mensch hinaus in die Welt und kämpft und schlägt sich um des Geldes oder eines anderen scheinbar wertvollen Dinges wegen, an das er sein Herz gehängt hat. Wenn man ihn fragt, warum er das tue, wird er antworten: »Weil meine Pflicht es verlangt.« Dabei ist es nichts anderes als die sinnlose Gier nach Gold und Gut, die ihn treibt und die er hinter dem schönen Wort Pflicht zu verbergen sucht.

Was ist das, was man so allgemein mit Pflicht bezeichnet? In Wahrheit nichts anderes als die Triebfeder des Fleisches, der Drang unserer Bindung. Wenn einmal eine solche Bindung zur eingeführten Sache geworden ist, wird sie Pflicht genannt. Zum Beispiel gibt es in Ländern, die keine Ehe kennen, auch keine Pflichten zwischen Gatten und Gattin. Wird aber die Ehe eingeführt, dann leben Mann und Frau aufgrund einer Bindung zusammen. Nach Generationen ist dieses Zusammenleben ein festgesetzer Brauch und wird als solcher zur Pflicht erhoben. Ist also die Bindung eine dauernde, dann wird sie beweihräuchert und mit dem edel klingenden Namen Pflicht getauft. Fanfaren verkünden sie, heilige Worte werden über ihr verlesen, und dann geht die ganze Welt hin und kämpft, und der Mensch beutet den Menschen aus im Namen dieser Pflicht. Für eine Menschheit auf niedriger Stufe, die kein anderes Ideal haben kann, enthält dieser Begriff von Pflicht dann etwas von Wert, wenn er imstande ist, Zügellosigkeit und Brutalität einzudämmen. Wer aber ein Karma-Yogi sein will, muss diese Auffassung von Pflicht über Bord werfen. Für ihn existiert keine Pflicht. Was immer er der

Welt zu geben hat, das gibt er ihr von sich aus, aber nicht weil
eine Pflicht es ihm befiehlt. Er denkt nicht daran, und nichts
könnte ihn zwingen. Warum sollte er sich auch zwingen lassen?
Alles, was unter Druck geschieht, fördert die Bindung. Warum
also sollte er Pflichten haben? Ergeben wir uns in allem dem
Herrn. Lasst uns in diesem glühenden Schmelzofen, wo das
Feuer der Pflicht alles ausdörrt, diese Schale Nektar trinken.
Fühlen wir den Hauch der Glückseligkeit! Wir führen ja Seinen
Willen aus, und uns berührt nicht Lohn noch Strafe. Verlangt
es uns aber noch nach Lohn, dann müssen wir auch die Strafe hinnehmen. Wollen wir dem Elend der Welt entrinnen, dann
müssen wir auch den Gedanken an Glanz aufgeben, denn Glanz
und Elend sind eng miteinander verknüpft. Auf der einen Seite
ist Freude, auf der anderen Leid, auf der einen Leben, auf der
anderen Tod. Wer den Tod überwinden will, muss aufhören, am
Leben zu hängen; denn Leben und Tod sind eines, nur von verschiedenen Seiten aus betrachtet. Der Begriff der Freude ohne
Leid, des Lebens ohne Tod mag gut sein für Narren und Kinder.
Der Denkende aber sieht in jedem dieser Begriffe auch dessen
Widerpart und entsagt beiden.

Wie könnte der Mensch in Anwesenheit der allmächtigen
Vorsehung, ohne deren Willen kein Blatt vom Baum fällt, seinem Wirken irgendwelche Bedeutung beimessen? Wäre es nicht
Gotteslästerung, es zu tun, da wir doch wissen, dass Er sich
auch der Geringsten auf dieser Welt annimmt? Wir haben nur
in Ehrfurcht und Ergebenheit dazustehen und zu sagen: »Dein
Wille geschehe.« Die Vollendeten können nicht tätig sein, da in
ihnen keine Bindung ist. Für diejenigen, deren Seele im göttlichen Selbst aufgeht, deren Wünsche im Selbst münden, die auf
ewig mit dem Selbst vereint sind, gibt es kein Tun. Doch das gilt
nur für die Vollendeten; alle anderen müssen arbeiten. Während
wir arbeiten, dürfen wir nicht meinen, wir könnten auch nur
dem geringsten Wesen in diesem Weltall helfen. Wir können
es nicht. Wir helfen nur uns selbst in dieser »Hochschule Welt«.
Dies ist die rechte Einstellung zur Arbeit. Wenn wir auf diese

Weise wirken, wenn wir immer dessen eingedenk sind, dass unsere jetzige Gelegenheit zu arbeiten eine Gunst ist, die uns verliehen wurde, dann werden wir uns an nichts binden. Wir und unzählige andere glauben, jeder von uns sei von Bedeutung für die Welt; aber wir alle müssen sterben, und wenige Augenblicke danach hat die Welt uns vergessen. Doch Gott ist ewig. »Wer kann auch nur einen Augenblick leben, wer nur einen einzigen Atemzug tun, wenn es dem Allmächtigen nicht gefällt?« Er ist die stets schaffende Vorsehung. Sein ist alle Macht und steht unter Seinem Befehl. Auf Sein Geheiß wehen die Winde, scheint die Sonne, lebt die Erde und schreitet der Tod durch die Welt. Er ist das All im All, Er ist alles und in allem. Wir können nichts tun als anbeten. Gebt hin alle Früchte eurer Arbeit! Tut Gutes um des Guten willen! Dann allein wird euch die gänzliche Loslösung zuteil. Die Fesseln des Herzens springen auf, und die vollkommene Freiheit ist euer. Wahrlich, diese Freiheit ist es, zu welcher der Karma-Yoga euch geleitet.

BHAKTI-YOGA

DER PFAD DER LIEBE

GEBET

Er ist die Seele des Alls.
Er ist unsterblich,
Er ist der Allwissende, der Allesdurchdringende,
Der Beschützer der Welt, der ewige Herrscher,
Und niemand sonst besitzt die Macht,
die Welt auf ewig zu regieren.

Er, der am Anfang der Schöpfung Brahma aus sich entfaltet
Und ihm die Veden übermittelt hat,
Auf meiner Suche nach Erlösung nehm' Zuflucht ich
Zu jenem Strahlenden, des Licht die Einsicht
hinkehrt zum Atman.

SHVETASVATARA-UPANISHAD

I

DEFINITION
DES BEGRIFFES BHAKTI

Bhakti-Yoga ist eine wahre, aufrichtige Suche nach Gott. Sie beginnt in Liebe, verläuft in Liebe und endet in Liebe. Ein einziger Augenblick der Versunkenheit in höchster Liebe zu Gott bringt uns ewige Freiheit. »Bhakti«, sagt Narada in seiner Erläuterung der Bhakti-Aphorismen, »ist innigste Liebe zu Gott«. Fühlt der Mensch diese Liebe in sich, dann liebt er alles, kann nichts hassen und hat ewiges Genügen erlangt.

»Diese Liebe kann nicht herabsinken zu irgendeinem irdischen Ziel«; denn solange noch irdische Wünsche existieren, vermag diese Art von Liebe nicht zu entstehen. Liebe ist größer als selbstlose Werke (Karma), größer als Philosophie (Jnana), denn diese haben einen Zweck vor sich, während Liebe zu Gott (Bhakti) sich selbst Erfüllung ist, Weg und Ziel in einem.

Bhakti ist von jeher das ständige Thema unserer Weisen gewesen. Abgesehen von den ganz auf Bhakti ausgerichteten Schriftstellern, wie Sandilya und Narada, haben auch die großen Kommentatoren der Vyasa-Sutras, offensichtliche Vertreter des Jnana, einige sehr aufschlussreiche Bemerkungen über Bhakti gemacht. Wenn auch die Ausdeuter gewöhnlich nicht ruhen, ehe sie nicht die meisten, wenn nicht gar alle Texte so lange erklärt haben, bis aus ihnen eine Art vertrockneter Wissenschaft geworden ist, so konnten sie doch die Sutras, vor allem das Kapitel über die Glut der Anbetung, nicht so ohne Weiteres auf diese Weise behandeln.

In Wirklichkeit besteht kein so wesentlicher Unterschied zwischen Jnana (Erkenntnis) und Bhakti (Liebe), wie manchmal angenommen wird. Später werden wir sehen, dass sie einander entgegenkommen und sich schließlich an einem bestimmten Punkt treffen. Ebenso steht es mit Raja-Yoga, wenn man ihn als ein Mittel zur Erlangung der Freiheit auffasst und nicht – wozu er häufig in den Händen von Scharlatanen und Geheimniskrämern geworden ist – als ein Werkzeug, womit man Gedankenlosen Sand in die Augen streut. Er führt uns ebenfalls zum gleichen Ziel.

Doch besitzt Bhakti den einen unschätzbaren Vorzug, der leichteste und natürlichste Weg zu sein, der uns an das vor uns liegende göttliche Ziel geleitet. Andererseits hat er den Nachteil, in seiner niedrigsten Form oft zum furchtbarsten Fanatismus auszuarten. Die Schar der Fanatiker, die sich im Hinduismus, im Islam und im Christentum findet, ist fast ausschließlich aus den niederen Schichten der Bhakti-Anhänger hervorgegangen. Diese Ausschließlichkeit der Hingabe an den geliebten Gegenstand (*nishtha*, das erwählte Ideal), ohne welche echte Liebe nicht gedeihen kann, ist häufig gleichzeitig die Ursache zur Herabwürdigung alles anderen. Die schwachen und unentwickelten Gemüter aller Religionen und aller Länder kennen nur die eine Möglichkeit, ihr Ideal voll und ganz zu lieben, indem sie nämlich jedes andere hassen. Daraus erklärt sich die häufige Erscheinung, dass der gleiche Mensch, der seinem eigenen Gottesideal so inbrünstig, seiner eigenen Religion so tief ergeben anhängt, oft zum brüllenden Fanatiker wird, sobald er etwas von anderen Ideen zu hören oder zu sehen bekommt. Diese Art von Liebe hat etwas von dem hündischen Instinkt an sich, das Eigentum des Herrn vor Eindringlingen beschützen zu müssen. Nur darf der Hund seinem Instinkt sicherer trauen als der Mensch seinem Verstand, da der Hund seinen Herrn niemals mit einem Feind verwechseln wird, in welcher Verkleidung er auch immer vor ihm erscheinen mag. Der Fanatiker hingegen verliert jedes Urteil. Seine persönlichen Erwägungen sind ihm von so ausschließlichem Interesse, dass es ihm gleichgültig ist, was ein anderer sagt, mag es nun richtig oder unrichtig sein. Doch was ihm von außerordentlicher Wichtigkeit erscheint, ist die Frage, wer es sagt. Der gleiche Mensch, der freundlich, gütig, aufrichtig und liebevoll zu seinen Glaubensgenossen ist, zögert nicht, die schlimmsten Taten zu begehen, wenn sie sich gegen Menschen außerhalb der Grenzpfähle seiner eigenen religiösen Bruderschaft richten.

Diese Gefahr besteht jedoch nur in dem Stadium, das wir das vorbereitende nennen. Ist aber Bhakti in einem Menschen zur Reife gelangt und zu jener Form geworden, die man die Erhabenste (*para*) nennt, dann sind diese grauenvollen Ausschreitungen des Fanatismus nicht mehr zu befürchten. Die Seele, welche diese unwiderstehliche, höchste Form des Bhakti in ihrer ganzen Kraft erfahren hat, ist dem Gott der Liebe zu nahe, als dass sie zu einem Werkzeug des Hasses werden könnte.

Nicht jedem ist es gegeben, in diesem Leben den eigenen Charakter in voller Harmonie aufzubauen, doch wissen wir, dass der edelste Charakter derjenige ist, in dem sich diese drei – Erkenntnis, Liebe und Selbstbemeisterung – zur harmonischen Einheit verschmolzen haben. Drei Dinge braucht der Vogel zum Flug: Seine beiden Schwingen und die Schwanzfedern als Steuer. Erkenntnis (Jnana) ist der eine Flügel, Liebe (Bhakti) der andere und Selbstbemeisterung (Rajas) das steuernde Ruder, das für das Gleichgewicht sorgt. Wer diese drei Formen der Gottesverehrung nicht harmonisch in sich vereinen kann, und deshalb Bhakti allein als den für ihn richtigen Weg gewählt hat, darf nie vergessen, dass Riten und Zeremonien wohl notwendig für die lernende Seele sind, aber nur den einen Wert haben, uns dem Zustand der innigsten Gottesliebe zuzuführen.

Eine kleine Meinungsverschiedenheit besteht zwischen den Lehrmeistern der Erkenntnis und denen der Liebe, obgleich beide die reine Kraft der Bhakti anerkennen. Der Jnani hält Bhakti für ein Werkzeug zur Befreiung, der Bhakta hingegen sieht in ihr sowohl das Werkzeug als auch das zu erreichende Ziel. In Wirklichkeit besteht zwischen beiden kein wesentlicher Unterschied. Zwar bedeutet Bhakti, wenn als Werkzeug benützt, tatsächlich nur eine niedrigere Form der Andacht. Doch in einem späteren Stadium verschmilzt diese niedere Form mit der höheren. Die Anhänger beider Richtungen legen großen Wert auf ihre eigene, besondere Art der Gottesverehrung und vergessen, dass sich der vollkommenen Liebe, selbst ungesucht, wahre Erkenntnis zugesellt, und vollkommene Erkenntnis und wahre Liebe untrennbar sind.

Dessen eingedenk, wollen wir zu erfassen versuchen, was die großen Vedanta-Kommentatoren zum Thema Bhakti zu sagen haben: Shankara erklärt in einem Kommentar: »Von einem, der sich den Guru zum Vorbild nimmt, ihm in allem folgt und in dieser Nachfolge das einzige Ziel sieht, sagt man, er sei ›in Liebe ergeben‹. Ebenso spricht man von einer liebenden Frau, die des geliebten Gatten innig und dauernd eingedenk ist. Auch hier ist ein dauerndes Sich-erinnern gemeint.« Also ist Bhakti im Sinne von Shankara: »Ununterbrochenes Eingedenksein Gottes.«

Ramanuja, ein weiterer bekannter Kommentator der Brahma-Sutras, sagt: »Meditation ist der ununterbrochene Gedankenstrom, der zum Gegenstand, über den meditiert wird, fließt, wie der Ölstrom, der sich von einem Gefäß in das andere ergießt. Ist dieses Stadium des ununterbrochenen Eingedenkseins (in Bezug auf Gott) erreicht, dann fallen alle Fesseln ab. Deshalb erblicken die heiligen Schriften im dauernden Eingedenksein ein Mittel zur Befreiung. Dieses Eingedenksein ist das gleiche wie die Schau, denn es hat die nämliche Bedeutung, wie folgender Satz zeigt: ›Wenn Er, der fern und nahe ist, geschaut wird, dann zerreißen alle Fesseln des Herzens, aller Zweifel flieht und die Spuren allen Tuns verschwinden.‹ Der in der Nähe weilt, kann gesehen werden, doch wer den Fernen schaut, muss Seiner eingedenk sein. Nun sagen die Schriften, wir müssen Ihn schauen, ob Er nah ist oder fern, womit sie uns darauf hinweisen, dass Andacht und Schauen gleichwertig sind. Die ganz innige Andacht erlangt die gleiche Kraft wie die Vision ... Anbetung ist unausgesetzte Andacht, wie aus wesentlichen Stellen der Schriften entnommen werden kann. Deshalb sprechen die heiligen Schriften von der Andacht, die so inbrünstig ist, dass sie unmittelbarer Wahrnehmung gleichkommt, als von einem Mittel zur Erlösung. ›Nicht durch das Studium der heiligen Schriften, durch Scharfsinn nicht und nicht durch Schriftgelehrtheit ist dieser Atman zu erlangen. Nur wer sich nach ihm sehnt, kann ihn erkennen, ihm wird sein wahres Wesen er enthüllen.‹

Nach dieser Feststellung, dass bloßes Hören, Denken und Meditieren nicht die rechten Mittel sind, den Atman zu erlangen, heißt es weiter: ›Den sich dieser Atman erkor, der wird ihn erreichen.‹ Der bis zum Äußersten Geliebte wird herbeigesehnt. Wer den Atman bis zum Äußersten liebt, der wird der Heißgeliebte des Atman. Auf dass der Geliebte den Atman erlange, hilft ihm der Herr selbst. In der Gita sagt der Erhabene:

›Wer mir in Liebe treu ergeben ist,
Und mich in Wahrheit ehrfurchtsvoll verehrt,
Dem geb' ich gerne meiner Weisheit Kraft,
Und meine Gnade leitet ihn zu mir.‹[6]

Deshalb heißt es:
›Wem dieses Sich-Er-innern, das unmittelbarer Wahrnehmung gleichkommt, über alles teuer ist, weil es dem, dem es gilt, teuer ist, dem offenbart sich der Atman und der wird ihn erlangen.‹

Dieses dauernde Eingedenksein wird mit dem Worte Bhakti bezeichnet.«

In seiner Auslegung eines Sutras des Patanjali »Durch Anbetung des Höchsten Herrn«, sagt ein Erklärer: »*pranidhana* (Gottesverehrung) ist jene Art von Bhakti, bei der jede Hand-

---

6 Übersetzung Franz Hartmann.

lung unter Verzicht auf Belohnung, wie Sinnesfreuden, dem Meister aller Meister geweiht wird.« Auch Vyasa definiert in seinem Kommentar der gleichen Stelle *pranidhana* als »die Form von Bhakti, durch welche dem Yogi die Gnade des Erhabenen zuteil und er mit der Erfüllung seiner Sehnsucht beglückt wird«. Sandilya sagt: »Bhakti ist innigste Liebe zu Gott.« Die beste Auslegung aber hat Prahlada, der König der Bhaktas, gegeben: »Möge diese nicht endende Liebe, die der Unwissende den flüchtigen Objekten der Sinne entgegenbringt, möge diese innigste Liebe zu dir – da ich mich tief in dich versenke – nie aus meinem Herzen weichen!« Liebe! Zu wem? Zum höchsten Herrn, Ishvara. Alle Liebe, selbst die größte, die sich anderem zuwendet, ist nicht Bhakti. Denn wie Ramanuja sagt, indem er einen großen Lehrer zitiert: »Von Brahma angefangen bis herab zu einem Grashalm ist alles, was auf dieser Welt lebt, durch Karma Sklave von Geburt und Tod. Und weil dies alles der Unwissenheit und dem Wandel unterworfen ist, eignet sich nichts davon zum Gegenstand der Meditation.« Das bei Sandilya gebrauchte Wort *anurakti* deutet ein Kommentator folgendermaßen: »*anu* heißt ›nach‹ und *rakti* ›Bindung‹ und bedeutet also die Bindung, die nach der Erkenntnis des Wesens und der Glorie Gottes eintritt; sonst wäre jede blinde Bindung, zum Beispiel an Weib und Kinder, auch Bhakti.«

Wir sehen also deutlich: Bhakti ist eine Reihe oder eine Kette geistiger Bemühungen, die auf das Gotteserlebnis hinzielen. Sie beginnt mit der üblichen Anbetung und endigt mit der höchsten, inständigsten Liebe zu Gott.

II

DER PHILOSOPHISCHE BEGRIFF VON ISHVARA

Wer ist Ishvara? »Derjenige, aus dem Ursprung, Bestand und Auflösung des Weltalls kommt«, der ist Ishvara, »der Ewige, der Reine, der Immer-Freie, der Allmächtige, der Allwissende, der Allbarmherzige, der Lehrer aller Lehrer.« Und vor allem: »Er, der Erhabene, ist seinem innersten Wesen nach unaussprechliche Liebe.«

Dieses sind zweifellos deutliche Definitionen eines persönlichen Gottes. Wie? Gibt es also zwei Gottheiten? Hier »nicht dies, nicht dies« (*neti-neti*), Sat-cit-ananda oder Sein-Wissen-Seligkeit des Philosophen und dort diesen Gott der Liebe des Bhakta? Nein, Sat-cit-ananda ist gleichzeitig auch der Gott der Liebe, der unpersönliche und der persönliche Gott in Einem. Nie darf vergessen werden, dass der persönliche Gott, den der Bhakta verehrt, nicht getrennt ist und sich nicht unterscheidet von Brahman. Alles ist Brahman, das »Eine ohne Zweites«; nur ist Brahman als Einheit oder Absolutes zu abstrakt, als dass Es geliebt oder angebetet werden könnte. Deshalb erwählt der Bhakta sich den bedingten Aspekt Brahmans, und das ist Ishvara, der Höchste Herr. Folgendes Beispiel möge dies erhellen: Brahman ist der Ton oder der Stoff, aus dem die unendliche Vielfalt der Erscheinungen geschaffen wurde. Noch ehe irgendetwas davon entstanden war, lebten bereits alle Erscheinungen potenziell in diesem Ton und sind daher dem Stoff nach alle identisch. Doch einmal geformt und für die Dauer des Bestehens in dieser Form sind sie voneinander getrennt und verschieden. Die Ton-Maus kann niemals zum Ton-Elefanten werden, weil alle Dinge als Manifestationen allein durch die Form zu dem werden, was sie sind, während sie als ungeformter Ton alle gleich sind. Ishvara ist die höchste Manifestation der Absoluten Wirklichkeit, mit anderen Worten, der persönliche Gott ist die erhabenste Vorstellung des Absoluten, die dem menschlichen Fassungsvermögen begreiflich ist. Ewig ist die Schöpfung, und ewig ist auch Ishvara.

Im vierten Kapitel seiner Sutras macht Vyasa nach Erwähnung der fast unendlichen Macht und Erkenntnis, die der befreiten Seele nach Erreichung von Moksha, das heißt nach erlangter Erlösung, zuteil werden, in einem Sutra die Bemerkung, dass trotzdem niemand die Macht habe, das Weltall zu erschaffen, zu beherrschen und wieder aufzulösen, denn dies stehe allein Gott zu.

Bei der Erklärung dieses Aphorismus ist es dem dualistischen Kommentator ein leichtes, aufzuzeigen, dass es für die stets untergeordnete Seele (*jiva*) unmöglich ist, die unendliche Macht und vollkommene Unabhängigkeit Gottes zu besitzen.

Der Kommentator Ramanuja sagt bei der Deutung des gleichen Aphorismus: »Auf die Frage, ob zu den Mächten der befreiten Seele auch die dem höchsten Herrn allein zustehende Macht der Erschaffung, Erhaltung und Auflösung des Universums sowie die Herrschaft über alles Erschaffene gehöre, oder ob der Erlöste diese Macht nicht besitze und seine Glorie nur in der unmittelbaren Wahrnehmung des Höchsten Einen bestehe, hat man geantwortet: Logischerweise müsste der Erlöste die Herrschaft über das Weltall erlangen, denn in den Schriften steht: ›Er erlangt vollkommene Gleichheit mit dem Allerhöchsten, und alle seine Wünsche erfüllen sich.‹ Nun ist die absolute Gleichheit und die Erfüllung aller Wünsche nicht vollkommen ohne die einzig dem Höchsten Herrn zustehende

Macht, nämlich derjenigen, die Welt zu beherrschen. Deshalb müsste dem Erlösten, der die Erfüllung aller seiner Wünsche und die äußerste Gleichheit mit dem Höchsten Einen erlangt, auch die Macht über das Weltall uneingeschränkt zustehen. Darauf erwidern wir, dass der Befreite aller Mächte teilhaftig wird, mit Ausnahme jener, die Welt zu beherrschen; denn die Welt zu beherrschen heißt, Gestalt, Leben und Wünsche aller fühlenden und fühllosen Kreatur bestimmen. Der Befreite, der das wahre Wesen des Höchsten Einen erkannt hat, frohlockt in der ungehinderten Schau des Brahman, besitzt aber nicht die Macht der Weltbeherrschung. Dies beweist folgender Text aus den Schriften: ›Aus dem alles entsteht, durch den alles besteht und in dem alles vergeht, verlange nach Ihm, denn das ist Brahman.‹ Wäre die Würde der Weltregierung ein Rang, der auch dem Erlösten zustünde, dann wäre dieser Text, der Brahman als den Weltbeherrscher bezeichnet, nicht auf Brahman anwendbar. Man definiert eine Sache mittels solcher Eigenschaften, die nur ihr eigentümlich sind. Deshalb sprechen die heiligen Schriften vom Höchsten Herrn als demjenigen, dem allein die Weltherrschaft zusteht, während der erlösten Seele nirgends die Rolle des Weltregierens zugeschrieben wird, was aus folgenden Texten hervorgeht:

›Mein Sohn, im Anfang war das Sein, nichts als das Sein, Eines nur und ohne Zweites. Dies Eine dachte bei sich: Ich will viele sein, ich will mich fortpflanzen. So breitete es aus sich selbst das ganze Weltall aus.‹

›Im Anfang war Atman allein, es gab nichts außer Ihm. Er sann darüber nach, die Welt zu erschaffen, und Er erschuf die Welt.‹ …

An keiner der vielen Stellen, die sich mit der Weltregierung befassen, findet sich ein Hinweis, dass die befreite Seele je in die Lage komme, der Weltherrschaft teilhaftig zu werden.«

Wir wollen nun versuchen zu verstehen, was die Advaita-

Schule zu diesem Punkt zu sagen hat. Sogleich wird es klar,
dass das Advaita-System alle Hoffnungen und Bestrebungen
des Dualisten unangetastet aufrechterhält und gleichzeitig seine eigene monistische Lösung des Problems im Einklang mit
der göttlichen Bestimmung der Menschheit darlegt. Wer danach
trachtet, sogar noch nach der Erlösung seine Individualität zu
bewahren und abgesondert zu bleiben, wird reichlich dazu Gelegenheit haben, seine Bestrebungen zu verwirklichen und sich
der Glückseligkeit in Gott zu erfreuen. Er gehört zu jenen, von
denen in der heiligen Schrift gesagt wird: »Oh König, so glor-
reich sind die Eigenschaften des Herrn, dass sogar die Weisen,
deren einziges Glück der Atman ist, die aller Fesseln ledig sind,
Ihn, den Allgegenwärtigen, mit jener Liebe lieben, die nur um
der Liebe willen liebt.« Von ihnen sprechen die Samkhyas als
solchen, die in diesem Schöpfungszyklus in die Welt geschickt
werden, um Vollkommenheit zu erlangen, damit sie im nächsten
Zyklus die Beherrscher von Weltsystemen werden. Doch keiner
von ihnen wird Gott (Ishvara) je gleich.

Wer jene Höhe erreicht, wo es weder Schöpfer noch Geschöpf
noch Schöpfung gibt, weder Erkenner noch Erkanntes noch Erkenntnis, weder ich noch du noch er, weder Subjekt noch Objekt noch Beziehung, – »Wer sollte dort wen schauen ...« –, der
ist über alles hinausgelangt, dahin, wovon die Schriften sagen:
»Wohin Worte nicht reichen und wo die Gedanken versagen«
und wovon sie als *neti-neti* sprechen. Die Seele, die sich von allem loslöst, was sie nicht ist (*neti-neti*), kehrt zu ihrer ursprünglichen Reinheit zurück und wird zu dem, was sie von jeher war,
sie wird eins mit Brahman. Doch für jene, welche diesen Zustand nicht erreichen können oder wollen, bleibt unvermeidlich
die dreieinige Schau des »Einen ohne Zweiten« als Natur, Seele
und den diese beiden durchdringenden Ishvara. Wohl ist die reine Seele ihrer Substanz nach eins mit Brahman, genau wie die
Ton-Maus der Substanz nach eins ist mit dem Ton-Elefanten,
aber um zu dieser Substanz zurückzukehren, müssen Name und
Gestalt aufgegeben werden. Niemals jedoch kann die Ton-Maus

zum Ton-Elefanten werden. Niemals kann die erlöste Seele zu Gott (Ishvara) werden.

Als sich Prahlada in tiefer Meditation verlor, war für ihn das Weltall und dessen Ursache verschwunden, alles war für ihn ein Unendliches, ununterschieden durch Name und Gestalt. Doch als er sich wieder auf sich selbst besann und sich als Prahlada fühlte, erstand das Weltall vor ihm und gleichzeitig mit ihm der Herr des Weltalls – »der Hort einer unendlichen Anzahl göttlicher Eigenschaften«. So geschah es auch den begnadeten Gopis. Solange sie sich in der Versenkung und Selbstvergessenheit an Krishna verloren hatten, waren sie alle Krishnas; und als sie wieder an Ihn als den Einen, Anzubetenden dachten, waren sie wieder Gopis, und augenblicklich erschien ihnen, in gelbe Gewänder gehüllt, ein Lächeln auf dem Lotosantlitz, Krishna, der Gestalt gewordene Eroberer, (in der Schönheit) des Liebesgottes.

Wir wollen uns nun dem großen Meister Shankara, dem bedeutendsten Vertreter des Advaita, zuwenden. »Ist die Macht jener«, so sagt er, »die durch Anbetung Ishvaras eins werden mit dem Höchsten, aber doch ihr Ichbewusstsein bewahren, begrenzt oder unbegrenzt? Auf diese Frage hat man geantwortet, ihre Glorie müsse unbegrenzt sein, da in den Schriften steht: ›Sie erlangen ihr eigenes Königreich.‹ – ›Ihnen bringen alle Götter ihre Verehrung dar.‹ – ›Ihre Wünsche finden Erfüllung in allen Welten.‹ Aber Vyasa fügt hinzu: ›Mit Ausnahme der Macht, die Welt zu regieren.‹ Alle anderen Mächte Ishvaras kann die befreite Seele erwerben, die Weltherrschaft aber steht einzig Ishvara zu. Woher weiß man das? Weil die heiligen Texte, soweit sie sich mit der Schöpfung befassen, allein von Ihm sprechen. Diese Texte beziehen sich in keinem irgendwie gearteten Zusammenhang auf die erlösten Seelen, sondern ausschließlich auf Ishvara. Aus diesem Grund wird er der ›Ewig Vollkommene‹ genannt. Die heiligen Schriften erklären weiter, dass die erlösten Seelen ihre Macht durch Anbeten und Suchen nach Gott erwerben; deshalb sind sie ungeeignet, das Weltall zu regieren.

Außerdem behalten diese erlösten Seelen ihr individuelles Bewusstsein; dadurch kann es geschehen, dass der Wille der einen Seele vom Willen der anderen abweicht. Vielleicht möchte die eine erschaffen, die andere auflösen. Um solche Konflikte zu vermeiden, müssen die verschiedenen Willen einem einzigen Willen untergeordnet werden, und zwar dem Willen des Allerhöchsten Herrn.«

Also kann Bhakti sich nur auf die Gottheit in ihrem offenbarten, persönlichen Aspekt richten. »Doch mühsam ist der Weg für jene, die dem Nichtoffenbaren das Gemüt zuwenden«, sagt die Gita. Bhakti muss sich sanft unserer Natur anschmiegen. Wohl ist es wahr, dass wir uns keine Vorstellung vom Absoluten machen können, die nicht anthropomorph wäre, aber kann man das nicht von allem, was wir uns vorstellen, behaupten? Kapila lehrte schon vor Jahrhunderten, dass das menschliche Bewusstsein eines der Elemente ist, die dazu beitragen, sowohl die inneren als auch die äußeren Objekte unserer Wahrnehmung und unserer Vorstellung zu bestimmen. Von unseren eigenen Körpern angefangen bis hinauf zu Ishvara besteht jedes Objekt unserer Wahrnehmung aus unserem Bewusstsein plus einem Etwas, was immer dies auch sein mag. Diese unvermeidliche Mischung ist es, die wir gewöhnlich für die Wirklichkeit halten. In der Tat ist dies alles und wird immer alles sein, was von der Wirklichkeit zu begreifen im Bereich des menschlichen Auffassungsvermögens liegt. Deswegen ist es völlig sinnlos, zu behaupten, Ishvara sei unwirklich, weil er anthropomorph ist. Es klingt stark nach einem philosophischen Streit über Idealismus und Realismus, einem anscheinend heftigen Zwist, der als Grundlage nichts anderes hat als das bloße Spiel mit der Bedeutung des Wortes »real«. Alles, was das Wort »real« je bedeutet oder bezeichnet hat, trifft auf Ishvara zu. Ishvara ist so real wie irgendetwas anderes im Universum. Schließlich ist unter dem Worte »real« nichts anderes zu verstehen, als was hier dargelegt wurde.

Dies ist unser philosophischer Begriff von Ishvara.

III

DIE SCHAU GOTTES
– DAS ZIEL VON BHAKTI-YOGA

Für den Bhakta sind diese trockenen Einzelheiten nur notwendig zur Stärkung seines Willens; darüber hinaus haben sie keinen Nutzen für ihn. Er beschreitet einen Pfad, der dazu angetan ist, ihn bald über die dunklen und ungestümen Regionen des Verstandes in den Bereich des Erlebens zu führen. Schnell erreicht er durch die Gnade des Herrn eine Ebene, wo pedantische und kraftlose Beweisführungen weit zurückgelassen werden und das Dunkel, durch das der Intellekt sich mühsam vortastet, bald dem Tageslicht unmittelbarer Wahrnehmung weicht. Hier ist er nicht mehr angewiesen auf Überlegen oder Vermuten, hier nimmt er wahr. Er erörtert nicht mehr, er fühlt. Und steht nicht dieses Gottschauen, Gottfühlen und sich Erfreuen Gottes höher als alles andere? Es fehlt nicht an Bhaktas, die behaupten, es überrage sogar Moksha – Erlösung. Ist dies nicht auch von höchstem Nutzen? Zwar gibt es Menschen in der Welt – und noch dazu sehr viele –, die überzeugt sind, nur das sei nützlich und von Vorteil, was zu ihrem Reichtum und ihrer Behaglichkeit beiträgt. Gott, Religion, Ewigkeit, Seele, nichts davon ist für sie von Wichtigkeit, da ihnen dadurch weder Geld noch äußeres Behagen vermittelt wird. Für sie ist alles, was nicht den Sinnen gefällt und den Appetit befriedigt, ohne jeden Nutzen. Was als Nutzen empfunden wird, hängt natürlich ganz von den jeweiligen besonderen Ansprüchen ab. Deshalb gibt es für Menschen, die niemals über Essen, Trinken, Kinderzeugen und Sterben hinauskommen, nur einen Gewinn, und das ist Sinnesgenuss. Diese müssen warten und noch durch viele Geburten und Inkarnationen gehen, ehe sie auch nur das leiseste Gefühl für die Notwendigkeit von etwas Höherem bekommen. Doch für jene, denen die ewigen Belange der Seele wertvoller sind als die flüchtigen Interessen des irdischen Lebens, denen die Befriedigung der Sinne wie das gedankenlose Spiel des Kindes vorkommt, für die ist Gott und die Liebe zu Gott der höchste und einzige Nutzen des menschlichen Daseins. Gottlob gibt es immer noch solche Menschen in dieser Welt des allzu Weltlichen!

Bhakti-Yoga besteht, wie schon erwähnt, aus zwei Teilen, der vorbereitenden (*gauni*) und der höchsten Form (*para*). Im Laufe unseres Weges werden wir erkennen, dass wir im vorbereitenden Stadium unvermeidlicherweise vieler konkreter Hilfe bedürfen, um weiterarbeiten zu können. Mythologie und Symbolik jeder Religion sind diese natürlichen Wegweiser, die sich im frühen Stadium der bestrebten Seele anbieten und ihr helfen, gottwärts zu schreiten. Es ist bezeichnend, dass Geistesriesen nur dort hervorgegangen sind, wo Mythologie und Ritus üppig blühen. Die trockenen, fanatischen Religionsformen, die sich bemühen, alles, was poetisch, schön und zart ist, alles, was der kindlichen Seele, die sich vorwärts tastet, einen Halt gibt, auszumerzen – Formen, die versuchen, den Stützbalken des geistigen Daches niederzureißen und mit ihren unwissenden und abergläubischen Begriffen von Wahrheit bestrebt sind, alles, was Leben gibt, was der geistigen Pflanze, die in der menschlichen Seele wächst, die gestaltenden Kräfte spendet, zu vertreiben – diese Religionsformen lassen sich sehr rasch als das erkennen, was sie wirklich sind: Leere Schalen, inhaltslose Rahmen für Worte und Spitzfindigkeiten, mit vielleicht einem kleinen Anhauch von sozialen Verbesserungen oder dem sogenannten Reformgeist. Die großen Massen, deren religiöses Leben in diesen Formen verläuft, sind bewusst oder unbewusst Materialisten. Sie kennen jetzt oder später nur ein Lebensziel, den Genuss, der ihnen tatsächlich das A und O des Daseins bedeutet. Erhöhung der äußeren Behaglichkeit ist ihrer Auffassung nach das »Ein und Alles« der menschlichen Existenz. Je schneller die Anhänger dieser seltsamen Mischung von Unwissenheit und Fanatismus Farbe bekennen und, wie es ihnen zukommt, sich den Reihen der Atheisten und Materialisten beigesellen, desto besser ist das für die Welt. Eine Unze tätiger Aufrichtigkeit und der Verwirklichung unseres göttlichen Wesens gilt mehr als Tonnen um Tonnen inhaltslosen Geredes und sinnloser Gefühle. Zeigt uns einen, auch nur einen einzigen überragenden religiösen Genius, der aus diesem trockenen Staub von Unwissenheit und Fanatismus hervorgekommen wäre! Wenn dies nicht möglich ist, dann schweigt, öffnet die Fenster eurer Herzen dem klaren Licht der Wahrheit und lasst euch zu den Füßen derjenigen nieder, die wissen, wovon sie sprechen – der indischen Weisen. So wollen wir denn aufmerksam lauschen, was sie uns zu sagen haben.

IV

ÜBER DIE NOTWENDIGKEIT
EINES GURU

Jeder Seele ist es bestimmt, vollkommen zu werden, und am Ende wird jedes Wesen den Stand der Vollkommenheit erreichen. Was immer wir jetzt sind, ist das Ergebnis dessen, was wir früher gedacht und getan haben; und was wir in Zukunft sein werden, hängt von dem ab, was wir jetzt denken und tun. Doch wenn wir auch unser eigenes Geschick selber formen, so hindert uns das nicht daran, dass wir von außen her Hilfe empfangen. In den meisten Fällen ist solche Hilfe sogar absolut unerlässlich. Findet der Mensch diese Hilfe, so beleben sich die höheren Kräfte und Möglichkeiten seiner Seele neu, das geistige Leben wird geweckt, das innere Wachstum beschleunigt und der ganze Mensch schließlich zur Heiligkeit und Vollkommenheit geführt.

Dieser beschleunigende Antrieb kann nicht aus Büchern kommen. Nur wieder von einer Seele vermag die Seele Impulse aufzunehmen, von nichts anderem. Mögen wir unser Leben damit zubringen, Bücher zu durchforschen, mögen wir noch so gelehrt werden, schließlich aber müssen wir doch erkennen, dass unsere seelisch-geistige Entwicklung nicht gefördert wurde. Dass im Menschen ein hoher Grad intellektueller Entwicklung Hand in Hand gehe mit einer entsprechenden Entfaltung der geistigen Kräfte, entspricht nicht den Tatsachen. Das Studium aus Büchern verleitet uns manchmal zu dem Glauben, uns werde daraus auch seelische Hilfe zuteil. Wenn wir aber die Wirkung des Bücherstudiums auf uns nachprüfen, werden wir im besten Falle finden, dass unser Intellekt seinen Vorteil daraus gezogen hat, nicht aber der uns innewohnende Geist. Diese Unzulänglichkeit der Bücher, unser geistiges Wachstum zu fördern, ist der Grund, warum wir, obgleich nahezu jeder von uns ausgezeichnet imstande ist, über geistige Themen zu sprechen, uns so erschreckend unzureichend finden, wenn es zum Wirken und Führen eines wahrlich geistigen Lebens kommt. Soll also die Seele erweckt werden, so muss der Impuls von einer anderen Seele ausgehen.

Der Mensch, von dessen Seele ein solcher Impuls kommt, wird Guru, Lehrer oder Seelenführer genannt, und derjenige, auf dessen Seele der Impuls übertragen wird, heißt Schüler. Um einen solchen Impuls auf eine andere Seele übertragen zu können, muss die Seele dessen, von dem er ausgeht, die Kraft der Übertragung besitzen, und die Seele, der dieser Impuls übermittelt wird, muss die Eignung haben, ihn aufnehmen zu können. Der Same muss ein lebendiger, das Feld ein gut gepflügtes sein. Sind diese zwei Vorbedingungen erfüllt, so wird die wundervolle Saat echter Religion groß aufsprießen. »Der wahre Verkünder der Religion muss von wunderbaren Fähigkeiten, der Schüler von großer Klugheit sein.« Wenn diese beiden wirklich wunderbar und außergewöhnlich sind, dann, und nur dann, ergibt sich aus ihrem Zusammenwirken eine herrliche geistige Erweckung. Diese allein sind die wahren Lehrer und jene allein die wahren Schüler, die wahrhaft Strebenden. Alle anderen spielen mit der Religion. Nur eine kleine Neugierde ist ihnen erweckt worden, nur ein wenig intellektuelles Streben glimmt in ihnen; doch stehen sie nur am äußersten Rand des religiösen Gesichtskreises. Zweifellos liegt selbst darin schon einiger Wert, da diese Wissbegier vielleicht mit der Zeit zum Erwecken eines wahren Durstes nach Religion führen mag. Es ist ein geheimnisvolles Naturgesetz, dass der Same kommen muss und wird, sobald das Feld bereit ist; und sobald die Seele ernstlich nach Religion verlangt, muss der Übermittler der religiösen Kraft kommen und wird dieser Seele helfen. Wenn die Kraft in der empfangenden Seele, die das Licht der Religion herbeizieht, stark und reif ist, dann kommt die Kraft, die dieser Anziehung Folge leistet, wie etwas Selbstverständliches und strahlt ihr Licht hinein.

Doch lauern auf diesem Wege auch gewisse Gefahren, zum Beispiel jene für die empfangende Seele, vorübergehende Gemütsbewegungen für echtes religiöses Verlangen zu halten. Leicht können wir das an uns selbst beobachten. Nehmen wir an, jemand, den wir lieben, stirbt. Wir stehen wie unter Schock und fühlen, wie die Welt uns zwischen den Fingern zerrinnt. Wir benötigen etwas Höheres, Beständigeres – wir sehnen uns nach Religion. Doch wenige Tage danach ist diese Gefühlswoge verebbt, und wir fühlen uns so verloren wie zuvor. Wir alle halten oft solche Impulse für den wahren Durst nach Religion, doch solange uns dieser Irrtum widerfährt, kann das unausgesetzte, wirkliche Verlangen der Seele nach Religion nicht kommen, und wir werden den wahren Mittler, der unserem Wesen geistige Stärkung einzuflößen vermag, nicht finden. Wenn wir also versucht sind, darüber zu klagen, wie schwer es sei, die Wahrheit zu finden, nach der wir so brennend verlangen, sollten wir lieber einen tiefen Blick in unsere eigene Seele tun und erforschen, ob das Sehnen unseres Herzens ein echtes ist. Dann würden wir in den meisten Fällen entdecken müssen, dass wir noch nicht reif sind, die Wahrheit zu empfangen, und unser Durst nach Religion noch nicht der wahre ist.

Doch die Gefahren für den Mittler, den Guru, sind noch größer. Es gibt viele, die, obgleich sie noch tief im Unwissen stecken, glauben, sie wüssten bereits alles und – dessen noch nicht genug – anbieten, anderen mit ihrem Wissen zu helfen. Da dann jedoch der Blinde den Blinden führt, fallen beide in den Graben. Die Mundaka-Upanishad drückt es zutreffend aus:

»Im Abgrund des Unwissens lebend, jedoch sich weise wähnend, so drehen die Toren sich im Kreise wie Blinde, angeführt von Blinden.«

Die Welt ist voll von ihnen. Jeder will Lehrer sein. Jeder Bettler möchte eine riesige Schenkung machen. Jene Lehrer sind so lächerlich wie diese Bettler.

V

WER SICH ZUM SCHÜLER, WER ZUM MEISTER EIGNET

Woran sollen wir den echten Lehrer erkennen? Es bedarf keiner Fackel, und wir müssen keine Kerze anzünden, um die Sonne zu sehen. Geht sie auf, so werden wir dessen instinktiv gewahr. Ebenso ist es, wenn ein Lehrer der Menschheit zu uns kommt, um uns zu helfen: Die Seele weiß es ahnungsvoll, dass die Wahrheit begonnen hat, sie anzustrahlen. Wahrheit beweist sich selbst, sie bedarf keines anderen Zeugnisses, um ihre Echtheit zu beweisen, sie leuchtet aus sich selbst. Bis in den tiefsten Winkel unseres Wesens dringt sie, und wo sie erscheint, erhebt sich das ganze Weltall und sagt: »Dies ist die Wahrheit.« Die Meister, deren Weisheit und Echtheit wie das Licht der Sonne strahlen, sind die wahrhaft Großen dieser Welt, und die Mehrheit der Menschen verehrt Gott in ihnen. Doch auch von vergleichsweise Geringeren können wir Hilfe erfahren; nur besitzen wir selbst nicht genügend Intuition zur sicheren Beurteilung des Menschen, dessen Lehre und Führung wir uns anvertrauen. Daher bedarf es gewisser Kennzeichen, gewisser Vorbedingungen, die sowohl den Lehrer als auch den Schüler ausweisen.

Die Voraussetzungen, die der Schüler mitbringen muss, sind: Reinheit, wahrer Durst nach Erkenntnis und Ausdauer. Eine unreine Seele kann nie wirklich fromm sein. Reinheit in Gedanke, Wort und Tat ist unerlässlich für jeden, der sich der Religion nähern will. Was nun den Durst nach Erkenntnis betrifft, so beweist sich hier wieder das alte Gesetz, dass jeder das bekommt, was er benötigt. Niemand kann etwas anderes erhalten als das, woran er sein Herz gehängt hat. Wirklich mit ganzem Herzen nach Frömmigkeit zu verlangen, ist schwerer, als man für gewöhnlich annimmt. Wenn jemand religiösen Reden lauscht oder religiöse Bücher liest, so ist damit noch nicht erwiesen, dass er das richtige Bedürfnis danach in seinem Herzen fühlt. Ein dauerndes Ringen, ein immerwährender Kampf mit unserer niedrigeren Natur muss stattfinden, bis das höhere Bedürfnis wirklich empfunden und der Sieg errungen wird. Das ist nicht die Sache von ein, zwei Tagen, Jahren oder Leben. Dieser Kampf kann schon seit Hunderten von Lebensaltern stattfinden. Manchmal kommt der Erfolg im Nu, doch müssen wir auch bereit sein, geduldig zu warten, selbst wenn uns diese Wartezeit unendlich lange dünkt. Den Bemühungen eines Schülers, der sich, mit solcher Beharrlichkeit ausgerüstet, auf den Weg begibt, wird schließlich Erfolg und Verwirklichung mit Sicherheit zuteil.

Was nun den Lehrer betrifft, so muss er vor allem den Geist der Schriften erfasst haben. Alle Welt liest die Bibel, die Veden, den Koran – doch sie enthalten nur Sätze, Worte und Buchstaben, das dürre Gerippe der Religion. Ein Lehrer, der zu viel Gewicht auf Worte legt und sich von der Macht des Wortes mitreißen lässt, geht des Geistes der Schriften verlustig. Es ist die Erkenntnis dieses Geistes allein, die den wahren Lehrer der Religion ausmacht. Das Netzwerk der Worte in den Schriften ist wie ein riesiger Wald, in welchem der menschliche Verstand sich leicht verliert und nur schwer mehr herausfindet. »Wie ein großer Wald sind die Worte, und seltsam irrt der Verstand darin hin und her.« Die verschiedenen Methoden, mit denen diese Worte aneinandergefügt oder die Ausdrucksweisen der Schriften erläutert werden, dienen nur der Polemik und dem Vergnügen der Schriftgelehrten, aber nicht der Entfaltung religiöser Wahrnehmungskraft. Wer diese Methoden benutzt, um andere damit in die Religion einzuführen, ist nur darauf erpicht, mit seiner Gelehrsamkeit zu prunken, damit die Welt ihn als großen Kenner preist. Immer wird man sehen, dass keiner der großen Lehrer sich jemals auf diese verschiedenen Textauslegungen eingelassen hat. Sie sind nie versucht, dem Text Gewalt anzutun oder dauernd mit dem Sinn der Worte und ihrer Abstammung herumzuspielen. Sie lehren ohne Eigennutz, während die falschen Lehrer, die nichts zu lehren haben, ein Wort aufgreifen und ein dreibändiges Werk über seinen Ursprung schreiben.

Sri Ramakrishna pflegte die Geschichte von einigen Männern zu erzählen, die in einen Mangogarten gingen und sich damit abgaben, die Blätter, Zweige und Ästchen der Bäume zu zählen, ihre Farbe zu untersuchen, die Größen miteinander zu vergleichen, dann alles fein säuberlich niederzuschreiben, um sich schließlich über diese Themen in eine gelehrte Diskussion einzulassen, die für sie zweifellos von größtem Interesse war. Doch einer von ihnen, der klüger war als die Übrigen, kümmerte sich nicht um all diese Dinge und begann statt dessen, eine Mangofrucht zu verspeisen. Und hat er nicht gut daran getan? Überlassen wir also das Blätter- und Ästezählen den anderen. Diese Art von Arbeit hat ihren Platz, doch nicht im Gebiet des Geistes. Nie wird man unter diesen »Blätterzählern« einen wahrhaft religiösen Menschen finden. Religion, das höchste Ziel, die höchste Glorie des Menschen, verlangt nicht so viel Arbeit. Für denjenigen, der ein Bhakta sein will, ist es durchaus nicht notwendig zu wissen, wo Krishna geboren wurde, was er getan und wann er, auf den Tag genau, die Lehren der Gita ausgesprochen hat. Er braucht nur das rechte Verlangen nach den wundervollen Lehren über Pflicht und Liebe zu spüren, die in der Gita stehen. Alle Einzelheiten über sie und ihren Schöpfer sind Gelehrtenfreuden. Lasst ihnen das, wonach es sie verlangt. Sagt »Friede! Friede!« zu ihren gelehrten Streitfragen und macht euch auf – die Mangos zu essen.

Eine zweite notwendige Voraussetzung für den Lehrer ist – Makellosigkeit. Oft wurde die Frage aufgeworfen: »Was geht uns der Charakter des Lehrers an? Wir müssen uns nur an das halten, was er sagt und uns dies zunutze machen.« Das ist nicht richtig. Will uns jemand etwas erklären über Physik oder Chemie oder irgendeine andere Wissenschaft, so kann er sein, wie er will, denn die Naturwissenschaften verlangen nur intellektuelle Beschlagenheit. Doch bei den Vertretern der Geisteswissenschaften ist solch eine Trennung von Wesen und Wissen nicht möglich, denn nie wird einer unreinen Seele geistige Erleuchtung zuteil. Könnte je ein unreiner Mensch Religion lehren? Das *sine qua non*[7] für das Erlangen geistiger Wahrheit oder der Fähigkeit, sie an andere zu übermitteln, ist die Reinheit des Herzens und der Seele. Eine Gottesschau oder ein wenn auch noch so flüchtiger Blick über den Bereich unserer Sinne hinaus wird nur dem zuteil, dessen Seele rein ist. Daher müssen wir beim Religionslehrer zuerst auf das achten, was er ist, und dann erst auf das, was er sagt. Vollkommene Reinheit muss ihm zu eigen sein, dann erst erhalten seine Worte den echten Wert, nur dann ist er der wahre »Mittler«. Was könnte einer, der nicht selbst über die Macht des Geistes verfügt, denn übermitteln? Der Lehrer muss in seinem Inneren die entsprechende geistige Schwingung entfaltet haben, ehe er sie dem Herzen des Schülers übermitteln kann. Denn das Amt des Lehrers ist wahrlich eine Übertragung und nicht nur eine Anregung dessen, was im Schüler bereits vorhanden ist. Etwas Wirkliches und Bestimmbares strömt vom Meister auf den Schüler, deshalb muss der Lehrer rein sein.

Die dritte Voraussetzung hängt mit dem Beweggrund zusammen. Der Lehrer darf nicht aus selbstsüchtigen Motiven des Geldes, des Rufes oder des Ruhmes wegen lehren. Er muss seine Arbeit aus Liebe tun, aus reiner Liebe zur Menschheit im Allgemeinen. Das einzige Mittel, durch welches geistige Kraft übertragen werden kann, ist Liebe. Jeder selbstsüchtige Grund, wie Habsucht oder Ruhmsucht, zerstört augenblicklich dieses vermittelnde Bindeglied. Gott ist Liebe, und nur derjenige, der

---

7   Die Grundvoraussetzung.

Gott als Liebe erfahren hat, kann die rechten Worte finden über Gott und das Göttliche.

Wenn ihr seht, dass euer Lehrer diese Bedingungen erfüllt, dann dürft ihr ihm gefahrlos vertrauen. Tut er das nicht, dann ist es gewagt, wenn ihr euch von ihm belehren lasst; denn es besteht die große Gefahr, dass er euren Herzen nicht Gutes, sondern Böses vermittelt. »Derjenige, der in den Schriften bewandert, makellos, ungetrübt von Begierde ist und um das Brahman weiß«, der ist der wahre Lehrer.

Aus allem bisher Gesagten versteht es sich von selbst, dass uns nicht überall und durch jedermann gelehrt werden kann, die Religion auf die rechte Art zu lieben, zu würdigen und ihr nachzuleben. Die Forderung: »Predigten in Steinen, Bücher in strömenden Wassern und das Gute in allem« wahrzunehmen, mag gut und schön sein als poetische Wendung. Doch nichts auf der Welt kann auch nur ein Körnchen Wahrheit einem Menschen vermitteln, solange dieser nicht die Keime dazu, wenn auch unentfaltet, bereits in sich trägt. Wem halten Steine und Wasser denn Predigten? Der menschlichen Seele, der Lotosblume, deren innerer Heiligenschein bereits erfüllt ist von Leben. Das Licht, dessen Strahl das herrliche Erblühen des Lotos bewirkt, kommt immer vom wahren, einsichtsvollen Lehrer. Ist das Herz solcherweise geöffnet, dann hat es die Fähigkeit, sich von Steinen und Wasser, von Sonne, Mond und Sternen und allem, was in diesem göttlichen Weltall existiert, belehren zu lassen. Doch das noch verschlossene Herz wird nichts anderes sehen als Steine und Wasser. Mag ein Blinder auch in ein noch so großartiges Museum gehen, er wird keinen Nutzen daraus ziehen. Erst müssen seine Augen geöffnet werden; dann ist er fähig, das aufzunehmen, was die Dinge im Museum ihm zu sagen haben.

Der Seelenführer ist es, der dem nach Religion Strebenden die Augen öffnet. Daher ist unsere Beziehung zu ihm die gleiche wie die eines Nachkommen zu einem seiner Vorväter. Wenn wir dem Lehrer nicht ein Herz voll Vertrauen, Demut, Unterwerfung und Ehrerbietung entgegenbringen, kann die

Religion nicht Wurzeln in uns schlagen. Es ist bezeichnend, dass nur dort, wo solch eine ideale Beziehung zwischen Lehrer und Schüler besteht, wirkliche Geistesgrößen hervorgehen. In Ländern, die es vernachlässigt haben, diese reine Beziehung zwischen Lehrer und Schüler zu wahren, sinkt der Beruf des Lehrers herab zum bloßen Vorleser. Von solch einem Unterricht erwartet der Schüler nichts anderes als eine Anfüllung seines Hirns mit den Worten des Lehrers, und der Lehrer sein Honorar für die gegebene Stunde. Danach geht jeder seines Weges. Unter solchen Bedingungen wird Religion bald zu einem unbekannten Faktor. Niemand ist da, der sie übermitteln, niemand, dem sie übermittelt werden könnte. Unter solchen Menschen wird die Religion zur Ware, die, wie sie meinen, wie alles andere gekauft und verkauft wird. Wollte Gott, man wäre imstande, sie so leicht zu erwerben! Doch leider ist dem nicht so.

Religion, die höchste Weisheit und die höchste Erkenntnis, kann weder gekauft noch aus Büchern geschöpft werden. Mögen wir unseren Kopf auch in alle Ecken der Welt stecken, den Himalaya erforschen, die Alpen und den Kaukasus, mögen wir den Grund des Meeres ausloten und in jeden Schlupfwinkel Tibets und der Wüste Gobi spähen, nirgends werden wir Religion finden, solange unser Herz nicht zu ihrem Empfang bereit und unser Lehrer noch nicht gekommen ist. Wenn aber dieser von Gott bestimmte Lehrer kommt, dann dient ihm mit kindlicher Zuversicht und Schlichtheit, öffnet euer Herz weit seinem Einfluss und erkennt, dass sich in ihm Gott offenbart. Wer in diesem Sinne der Ehrfurcht und der Liebe die Wahrheit sucht, dem enthüllt der Herr der Wahrheit alle Herrlichkeiten der Wahrheit, der Güte und der Schönheit.

VI

INKARNATIONEN GOTTES ALS LEHRER

Wo immer Sein Name genannt wird, dieser Ort ist heilig. Um wie viel mehr ist es der Mensch, der Seinen Namen verherrlicht; und mit wie viel Ehrfurcht haben wir uns demjenigen zu nahen, der uns die Wahrheit des Geistes vermittelt. Nur sehr wenige Meister der geistigen Wahrheit gibt es mehr auf dieser Welt, doch ist die Welt ihrer nie gänzlich beraubt. Immer sind sie die herrlichsten Blüten der Menschheit, »ein Ozean an Gnade ohne jeglichen Beweggrund«. »Wisse, der Guru, das bin ich«, sagt Sri Krishna. Im Augenblick, da die Welt völlig dieser Lehrer ermangelt, wird sie zu einer furchtbaren Hölle und eilt ihrem Untergang entgegen.

Noch weit größer und edler als jene reinen, wahren Lehrer sind die Avatare, die göttlichen Inkarnationen. In ihrer Macht liegt es, den lebendigen Geist durch Berührung, durch den bloßen Wunsch zu übermitteln. Auf ihren Wink hin werden die niedrigsten, unwürdigsten Wesen augenblicklich zu Heiligen. Sie sind die Meister aller Meister, die herrlichsten Manifestationen Gottes im Menschen. Nur durch sie vermögen wir Gott zu schauen. Unsere Verehrung fällt ihnen wie etwas Selbstverständliches zu. Wir können uns dem inneren Befehl gar nicht entziehen, der uns zwingt, sie anzubeten.

Kein Mensch kann Gott anders schauen als durch diese Manifestationen im Menschen. Versuchen wir, Gott auf andere Weise zu sehen, so erstellen wir eine entsetzliche Karikatur von Ihm und halten sie noch dazu für ebenso gut wie das Original. Es gibt da die Geschichte eines Unwissenden, der veranlasst wurde, die Gestalt des Gottes Shiva zu formen, und der nach tagelangem harten Ringen nur das Bild eines Affen zuwege brachte. Ebenso müssen auch wir kläglich scheitern, wenn wir versuchen, uns Gott in Seiner Vollkommenheit so vorzustellen, wie Er wirklich ist. Solange wie wir Menschen sind, können wir uns von Ihm kein großartigeres Bild machen als das des Menschen. Einst wird die Zeit kommen, da wir über unsere menschliche Natur hinauswachsen und Ihn erkennen, wie Er wirklich ist. Doch solange wir Menschen sind, müssen wir Ihn im Menschen und als Mensch verehren. Sagt, was ihr wollt, versucht, so hart ihr könnt, aber die Vorstellung, die wir uns von Gott machen können, bleibt immer eine Vorstellung vom Menschen. Man kann sich in große Diskurse über Gott und alles unter der Sonne einlassen, man kann zum überzeugten Rationalisten werden und sich zur eigenen Genugtuung beweisen, dass alle Berichte über die Inkarnationen Gottes im Menschen sinnlos seien. Aber lassen wir doch einmal für einen Augenblick den gesunden Menschenverstand zu Wort kommen. Was steckt eigentlich hinter allen diesen Dingen, die sich der erstaunliche Intellekt ausdenkt? Ein Nichts, einfach leerer Schaum. Wenn demnächst jemand eine Vorlesung gegen die Verehrung der Inkarnationen Gottes hält, dann nagelt ihn fest und fragt ihn, was eigentlich seine Vorstellung von Gott ist und was er unter »Allmacht« und »Allgewalt« und ähnlichen Worten versteht. In Wirklichkeit meint er gar nichts damit. Er kann über ihre Bedeutung keinen Gedanken formulieren, der nicht von seiner eigenen menschlichen Natur beeinflusst wäre. Er ist in dieser Sache nicht sachkundiger als der Mann von der Straße, der kein einziges Buch gelesen hat. Doch der Mann von der Straße verhält sich ruhig und stört nicht den Frieden der Welt, während derjenige, der große Reden führt, Unruhe und Trübsal unter die Menschen sät. Religion ist ihrem Wesen nach Erlebnis, und der schärfste Unterschied muss gemacht werden zwischen bloßem Reden und intuitiver Erfahrung. Religion wird in der Tiefe der Seele erfahren und erlebt.

So, wie wir beschaffen sind, können wir gewisse Grenzen nicht überschreiten und sind gezwungen, Gott als Menschen zu sehen. Sollte ein Büffel oder ein Fisch sich eine Vorstellung von Gott machen, sie müssten Ihn in Übereinstimmung mit ihrer Natur als vollkommenen Büffel oder als vollkommenen Fisch sehen. Der Mensch kann sich Gott eben nur als Menschen vorstellen. Diese verschiedenen Begriffe sind nicht etwa die Folge einer krankhaften Fantasie. Mensch, Büffel und Fisch kann man mit Gefäßen vergleichen, die zum Meer der Gottheit gehen, wo sie mit göttlichem Wasser angefüllt werden, jedes Gefäß entsprechend seiner eigenen Form und Fähigkeit. Im Menschen nimmt das Wasser Menschenform an, im Büffel die Form eines Büffels und im Fisch wird es zur Fischform. Alle Gefäße enthalten das gleiche Wasser der Gottheit, und jeder nimmt diese Gottheit wahr gemäß dem eigenen Ideal. Wir können nicht anders, wir müssen uns Gott als Menschen vorstellen und Ihn als Menschen anbeten.

Zwei Arten von Menschen werden Gott nicht als Menschen anbeten: Der Stumpfsinnige, der nicht weiß, was Religion ist, und der vollkommen Erleuchtete (*Paramahamsa*), der die Schwächen der Menschheit überwunden und die Grenzen seiner eigenen menschlichen Natur weit hinter sich gelassen hat. Er sieht die ganze Schöpfung in seinem eigenen Selbst. Er allein kann Gott so anbeten, wie Er ist. Wie überall berühren sich auch hier die polaren Gegensätze – tiefste Unwissenheit und höchste Weisheit. Beide bedürfen der Gottesanbetung nicht. Der Stumpfsinnige aus Unwissenheit, und der bei Lebzeiten Erlöste, weil er Gott im eigenen Herzen als sein wahres Selbst erkannt hat.

Gott kennt die Schwächen seiner Menschenkinder und verkörpert sich als Mensch, um der Menschheit zu helfen.

»Sooft der Menschen Sinn für Recht und Wahrheit
Verschwinden will, und Ungerechtigkeit
Ihr Haupt erhebt, werd' Ich aufs neu' geboren,
Zur rechten Zeit. So will es das Gesetz.
Zum Schutz der Guten, aber zum Verderben
Der Bösen komm' ich mitten unter sie,
Den Weg zu lehren, der zum Heile führt.«[8]

So spricht Sri Krishna in der Bhagavad Gita über die göttliche Inkarnation. Und Sri Ramakrishna sagt: »Bei flutartigem
Regen füllen sich alle Bäche und Rinnen bis zum Rande ganz
von selbst. Erscheint eine göttliche Inkarnation auf Erden, dann
erfasst eine flutartige Welle göttlichen Geistes die Menschheit.«

---

8   Übersetzung Franz Hartmann.

VII

DAS MANTRA OM
– WORT UND WEISHEIT

Den göttlichen Inkarnationen, von denen wir im vorigen Kapitel sprachen, sind die großen Seelenführer und Lehrer der Religion untergeordnet, die höchste Erleuchtung erlangt haben. Sie sind es, die dem Schüler den Keim der göttlichen Weisheit mittels Worten (*mantram*) einpflanzen. Diese Mantras muss der Schüler wiederholen und über ihre Bedeutung meditieren. Was sind diese Mantras?

Das Offenbarwerden des Weltalls, so sagt die indische Philosophie, ist bedingt durch Name und Gestalt. Kein Gedanke kann sich im menschlichen Geist erheben, der nicht durch Name und Gestalt bedingt wäre. Wenn es wahr ist, dass die Schöpfung durchaus nach dem gleichen Plan aufgebaut ist, dann muss diese Art der Bedingtheit durch Name und Gestalt für den ganzen Kosmos gültig sein. »Wie die Kenntnis eines Klümpchens Ton zur Erkenntnis alles dessen führt, was aus Ton hergestellt ist«, so führt die Erkenntnis des Mikrokosmos zur Erkenntnis des Makrokosmos. Nun ist die Gestalt die äußere Schale dessen, wovon der Name oder die Idee das Wesen oder der Kern ist. Der Körper ist die Gestalt und die Seele ist die Idee oder der Name, und bei allen Wesen, die der Sprache mächtig sind, ist der Name stets mit Lautsymbolen verbunden. Jeder Gedanke, der sich im begrenzten menschlichen Geist erhebt, gibt sich zuerst als Wort und dann als konkrete Gestalt kund.

Im Universum manifestierte sich Brahma oder der kosmische Geist zuerst als Name und dann als Gestalt, nämlich als dieses Weltall. Diese ganze, durch die Sinne wahrnehmbare Welt ist die Gestalt, hinter der das ewig unaussprechliche *sphota* steht, der Offenbarer als Logos oder Wort. Dieses ewige Wort, der unvergängliche Grundstoff aller Ideen oder Namen, ist die Macht, durch die Gott die Welt erschafft.[9] Gott wird zum Wort und entfaltet dann aus sich das gestaltete, sinnlich wahrnehmbare Weltall. Dieses ewige Wort hat ein einziges mögliches Lautsymbol, und das ist OM. So wie durch nichts das Wort von der Idee getrennt werden kann, so sind OM und das ewige Wort untrennbar. Deshalb nimmt man an, dass aus diesem heiligsten aller heiligen Worte, der Mutter aller Namen und Gestalten, die ganze Welt erschaffen wurde. Darauf kann man einwenden: Wenn auch Idee und Wort untrennbar sind, so kann es doch verschiedene Wortsymbole für die gleiche Idee geben, und es ist nicht notwendig, dass gerade die Silbe OM die Idee darstellt, aus der das Weltall offenbar wurde.

Darauf erwidern wir: Dieses OM ist das einzig mögliche Symbol, das alle Bedingungen erfüllt. Kein anderes kommt ihm gleich. Der Logos ist der Urstoff, aus dem alle Worte entstanden sind, gleichwohl aber ist er kein endgültiges Wort in seiner vollen Gestaltung. Das heißt, beseitigt man alle Besonderheiten, die ein Wort vom anderen unterscheiden, dann ist das, was übrig bleibt, der Logos. Deshalb wird er Nada-Brahman oder der Gottesklang genannt. Jedes Wort, das den Versuch macht, das nicht ausdrückbare ewige Wort auszudrücken, wird es so spezifizieren, dass es nicht länger der Logos bleibt. Deshalb ist dasjenige Symbol, das es am wenigsten spezifiziert, aber gleichzeitig sein Wesen möglichst annähernd ausdrückt, das wahre Sinnbild des Logos. Das ist OM, und OM allein.

Diese drei Buchstaben A, U, M, zusammengezogen als OM ausgesprochen, können als das verallgemeinerte Symbol aller

---

9 Man vergleiche die ersten Sätze des Johannes-Evangeliums.

Laute gelten. Der Buchstabe A ist der am wenigsten differenzierte aller Laute[10], weshalb Sri Krishna in der Gita sagt: »Von Buchstaben bin ich das A.« Ferner werden alle artikulierten Laute in der Mundhöhle gebildet, in dem Raum zwischen Kehlkopf und Lippen. Der Kehllaut ist A, der letzte Lippenlaut ist M, und U ist die genaue Wiedergabe des vorwärtsrollenden Impulses, der am Kehlkopf beginnt und zwischen den Lippen endigt. Richtig ausgesprochen, stellt dieses OM das gesamte Phänomen der Lautbildung dar. Kein anderes Wort kann ihm das gleichtun. Deshalb ist es das beste Symbol des Logos, der wahren Bedeutung des OM. Wie Sinnbild und das, was es versinnbildlicht, eines sind, so sind OM und Logos eines. Der Logos ist die subtilere Seite des Weltalls und deshalb Gott näher. Wahrlich, er ist die erste Kundgebung der göttlichen Weisheit, und dieses OM ist das wahre Gottessymbol.

Nun kann die unvollkommene menschliche Seele Brahman, »das Eine ohne Zweites«, das absolute »Sein-Wissen-Seligkeit« (*sat-chit-ananda*) in Seiner Abstraktheit nicht erfassen. Der Mensch kann sich Brahman, die absolute Gottheit, nur von einem gewissen Standpunkt aus und verbunden mit bestimmten Eigenschaften vorstellen, und das Gleiche gilt für den Leib der Gottheit, das Universum. Jeder nimmt dieses Weltall in seiner Weise wahr, und diese Wahrnehmungsweise ist abhängig von der Weltauffassung (*tattva*), die im Betreffenden vorherrschend ist. Daher wird der Eine Gott in verschiedenen Offenbarungen mit verschiedenen Eigenschaften geschaut, wobei einmal die und einmal die andere Eigenschaft vorherrschend sein kann, und daher wird dieses eine Universum in so verschiedener Weise aufgefasst und wahrgenommen. Alle diese Auffassungen sind die zahlreichen Manifestationen der Einen Gottheit. Wie im wenigst differenzierten und zugleich allumfassenden Symbol OM Idee und Lautsymbol untrennbar sind, so sind sie auch bei den

---

10 Es ist darauf hinzuweisen, dass A im Sanskrit (wenn nicht ein Akzent es anderweitig bestimmt) nicht wie das deutsche A, sondern eher wie ein offenes O ausgesprochen wird, annähernd wie unser O in Orakel.

zahlreichen differenzierten Aspekten Gottes und der Welt untrennbar. Deshalb wird jeder dieser Aspekte durch sein eigenes Lautsymbol ausgedrückt. Diese Lautsymbole sind von erleuchteten Seelen in tiefer Versenkung wahrgenommen worden. Sie sind das Sinnbild und der nach Möglichkeit genaueste Ausdruck für den besonderen Aspekt Gottes und der Welt, für den sie stehen. Wie OM das undifferenzierte Brahman bezeichnet, so bezeichnen die anderen Mantras die differenzierten Aspekte des gleichen Wesens. Sie alle sind hilfreich für die Meditation und die Erlangung wahrer Erkenntnis.

VIII

ÜBER DIE ANBETUNG GOTTES IN SYMBOLEN UND BILDNISSEN

Was wir nunmehr zu betrachten haben, ist die Anbetung von Symbolen, die in mehr oder weniger befriedigender Weise für Gott stehen (*pratikas*) sowie für die Anbetung Gottes im Bilde (*prahimas*). Die Anbetung Gottes im Symbol definiert Ramanuja folgendermaßen: »Das Herz in Liebe dem hingeben, das nicht Brahman ist, das man aber als Brahman auffasst.« »Verehre den Verstand als Brahman, das ist innerlich; bete den unendlichen Raum als Brahman an, das ist äußerlich.« Der Verstand ist ein inneres Symbol, der unendliche Raum ein äußeres. Beide dürfen nur an Gottes Stelle angebetet werden. Das Gleiche gilt für andere Aussagen der heiligen Schriften: »Die Sonne ist Brahman, dies ist das Gebot.« – »Wer den Namen als Brahman verehrt …« – »Aber bei allen diesen Stellen«, so sagt Shankara, »erheben sich Zweifel über die Richtigkeit der Anbetung von Pratikas.« Das Wort *pratika* bedeutet »auf etwas zugehen«. Wer also ein Pratika anbetet, der tut dies, um auf Gott zuzugehen. Er betet etwas an, das in manchen Beziehungen Gott ähnlich, aber nicht Gott selbst ist.

Bhakti aber ist die Anbetung von Ishvara, und Ishvara allein. Die Anbetung von etwas anderem, wie Göttern, Engeln oder Heiligen, ist niemals Bhakti. Das Anbeten von verschiedenen Göttern gehört einem Ritual an, wodurch der Fromme wohl eiren gewissen Lohn, wie vielleicht himmlische Freuden, erlangen, niemals aber echte Gottesliebe oder Erlösung finden kann. Es muss deshalb sorgfältig darauf geachtet werden, dass nicht, wie das in vielen Fällen geschieht, das im hohen Maße abstrakte Ideal der allerhöchsten Gottheit durch die Anbetung von Dingen, die nicht die Gottheit darstellen, auf das Niveau des angebeteten Dinges herabgezogen wird. Wenn der Fromme diesen »Gott-Ersatz« für das Ideal hält – und dieses Ideal ist für den Anbetenden stets das innewohnende göttliche Selbst (*atman*) –, dann befindet er sich auf einem Irrweg, denn für das Göttliche in ihm gibt es keinen »Ersatz«.

Wo aber Gott selbst das Objekt der Anbetung ist und das Angebetete nur an Seiner Stelle steht, wo also im angebeteten Ding die allgegenwärtige Gottheit verehrt und das Ding selbst zum höchsten Ideal, zum Urgrund aller Dinge erhoben wird, da ist diese Art der Anbetung nicht nur segensreich, sondern für den Menschen, solange er das »vorbereitende Stadium« nicht überwunden hat, unbedingt notwendig. Dies trifft auch für die Verehrung von Göttern, Engeln und Heiligen zu, sobald man Gott in ihren sieht, was erklärt, wieso in den heiligen Schriften häufig Götter, Weise oder andere höhere Wesen gleichsam aus ihrer natürlichen Beschaffenheit gehoben, zum höchsten Gott idealisiert und dann angebetet werden. Der Monist sagt: »Ist nicht alles Brahman, sobald Name und Gestalt wegfallen?« oder: »Ist nicht Er, der Herr, das innerste Selbst in jedem?« Der gemäßigte Monist sagt: »Wenn ein Gebet durch die Anbetung sogar des Sonnengottes erhört wird, ist es nicht immer Gott selbst, der erhört, Er, der Herr über alles?« Shankara sagt: »Wird ein Gegenstand als Brahman angebetet, so verwandelt sich dieser Gegenstand durch eben diese Anbetung in Brahman.«

Alles, was hier gesagt wurde, gilt auch für die Anbetung Gottes im Bild. Das heißt: Wird das Bild als Engel oder Heiliger angebetet, dann ist dies nicht Bhakti und führt nicht zur Erlösung; sobald aber die Verehrung des Bildes dem Herrn selbst zugedacht ist, führt sie zu Bhakti und zur Erlösung. Im Vedanta, im

Buddhismus (Mahayana) und im Katholizismus ist die Anbetung im Bild gebräuchlich, Muslime und Protestanten verpönen sie. Bei den Muslimen spielen jedoch die Gräber der Heiligen und Märtyrer beinahe die gleiche Rolle wie das Bildnis in den anderen Religionen. Die Protestanten, die jede konkrete Hilfe verwerfen, entfernen sich mehr und mehr vom wahren Geist der Religion. Christen und Muslime wiederum beten häufig das Bildnis als solches an und nicht als »Hilfsmittel zur Gottesschau«. Diese Art der Frömmigkeit gehört ihrem Wesen nach zum Ritus und kann weder Gottesliebe noch Erlösung bringen. Hier huldigt die Seele anderen Dingen als Ishvara, und deshalb ist diese Anbetung von Bildern, Gräbern oder Tempeln streng genommen Götzendienst. Sie ist in sich selbst weder sündig noch gottlos, sondern ein Ritus, der dem Ausübenden Erhörung seines Gebetes bringen muss und wird.

IX

DAS ERWÄHLTE IDEAL

Wir kommen nun zu einer Andachtsform, die das »Erwählte Ideal« (*ishta-nishta*) zum Gegenstand hat. Wer nach Bhakti strebt, muss wissen, dass es »ebenso viele Wege gibt wie Meinungen«. Er muss wissen, dass die zahlreichen Sekten der verschiedenen Religionen die zahlreichen Kundgebungen der Glorie des Einen Herrn sind. »Man nennt dich bei so vielen Namen, man zerteilt dich gleichsam, mit so vielen Namen ruft man dich an, und doch wohnt jedem dieser Namen deine ganze Allmacht inne ... Du offenbarst dich deinen Anbetern durch jeden dieser Namen, und jede Zeit ist recht, um deinen Namen zu verherrlichen, wenn nur die Seele dir in innigster Liebe zugewandt ist. So leicht ist es, sich dir zu nähern. Es ist mein Kummer, dass ich dich nicht lieben kann.« Der Bhakta muss darauf bedacht sein, jene strahlenden Söhne des Lichts, die Gründer der verschiedenen Sekten, nicht zu hassen, er darf nicht einmal Kritik üben an ihnen oder auch nur zuhören, wenn man schlecht von ihnen spricht. In der Regel bestätigt es sich, dass freidenkende und für andere verständnisvolle Sekten die Tiefe des religiösen Gefühls verlieren und dazu neigen, zu einer Art von politisch-gesellschaftlichem Klub herabzusinken. Auf der anderen Seite stehen die engstirnigen Sekten mit einer sehr rühmenswerten Liebe für ihre eigenen Ideale, die sie sich aber anscheinend nur dadurch erhalten kön-

nen, dass sie allen anderen Idealen, die nicht die ihren sind, wü-
tenden Hass entgegenbringen. Wollte Gott, es gäbe viele Menschen, die tiefe Liebe für ihr eigenes Ideal mit allumfassender
Sympathie für andere vereinten! Aber leider sind sie sehr selten.
Doch wir wissen, dass es höchst zweckvoll wäre, eine möglichst
große Anzahl von Menschen im Sinne jener wundervollen Mischung von alles umfassendem Verständnis und tiefer Liebe
zu erziehen. Ein Weg, das zu erreichen, ist der Glaube an das
»Erwählte Ideal«. Jede religiöse Sekte bietet der Menschheit ihr
einziges Ideal an; der Vedanta aber öffnet der menschlichen Ge-
meinschaft zahlreiche Tore zum Eintritt in den inneren Schrein
der Gottheit. Er kennt eine beinahe unerschöpfliche Reihe von
Idealen, von denen jedes Einzelne die Offenbarung des Einen
Ewigen ist. Er zeigt allen danach Strebenden die Pfade, welche
die glorreichen Söhne Gottes und Seine menschlichen Manifestationen – die der Vergangenheit und die der Gegenwart – durch
das rauhe Felsenland des menschlichen Lebens gebahnt haben.
Vedanta steht da mit ausgebreiteten Armen und lädt alle, auch
die künftigen Generationen, ein, im Heim der Wahrheit und auf
dem Ozean der Glückseligkeit zu wohnen, wo die menschliche
Seele sich, befreit vom Netz der Maya, in vollkommener Freiheit und ewiger Freude bewegen kann.

Bhakti-Yoga verlangt also gebieterisch von uns, keinen der
vielen Wege, die zur Erlösung führen, zu verachten oder abzu-
lehnen. Dennoch muss die noch wachsende Pflanze eingehegt
und beschützt werden, bis sie zum Baum geworden ist. Das
zarte Reis des erwachenden religiösen Geistes muss sterben,
wenn es zu früh dem dauernden Wechsel von Ideen und Idealen
ausgesetzt wird. Viele nähren aus einem – wie sie es nennen
– religiösen Liberalismus ihre eitle Neugier, indem sie in unun-
terbrochenem Wechsel die verschiedensten Ideale zu den ihren
machen. Die Sucht, Neues zu hören, wird bei ihnen zu einer Art
Krankheit. Das Neue verschafft ihnen einen vorübergehenden
Nervenkitzel, und sobald eine dieser aufregenden Neuheiten
sich ausgewirkt hat, sind sie bereit für eine andere. Für diese

Leute ist die Religion nichts anderes als eine Art intellektuellen Opiums. »Doch gibt es eine andere Art von Menschen«, sagt Sri Ramakrishna, »die wie die Perlauster der Fabel sind. Diese Perlauster verlässt ihr Bett auf dem Meeresgrund, schwebt zur Oberfläche und treibt dahin auf dem Meeresspiegel mit weit geöffneter Schale, bis es ihr gelingt, einen Tropfen des Regens aufzufangen, der beim Steigen des Sternes Arkturus fällt. Dann taucht sie wieder hinab zu ihrem Lager auf dem Meeresgrund und verlässt es nicht mehr, ehe sie nicht aus dem empfangenen Regentropfen eine Perle geformt hat.«

Die Lehre der Hingabe an ein einziges, an das »Erwählte Ideal«, kann nicht überzeugender und poetischer ausgedrückt werden. Diese Hingabe an ein einziges Ideal ist für jeden unerlässlich, der mit der Ausübung der religiösen Andacht beginnt. Er muss mit Tulsidas sagen können: »Nimm die Süße von allen, lass dich bei allen nieder und singe mit ihnen den Namen Gottes, den sie besingen. Bejahe sie alle, aber halte fest an deinem.« Ist der Gottsucher aufrichtig, dann wächst aus dem winzigen Samenkorn ein riesiger Baum, der gleich dem indischen Feigenbaum Zweig um Zweig und Wurzel um Wurzel aussendet, bis er das ganze Feld der Religion bedeckt. Dann wird der wahrhaft gläubig Vertrauende erkennen, dass Er, den Er als das eigene Ideal verehrt, in allen Idealen aller Religionen angebetet wird, unter allen Namen und in jeglicher Gestalt.

X

ÜBER DIE METHODE UND DIE MITTEL

Wir lesen im Kommentar Ramanujas zu den Vedanta-Sutras:
»Wer das (nämlich Brahman) erreichen will, muss Urteilskraft besitzen, die Leidenschaften beherrschen, sich geistlichen
Übungen widmen, selbstlose Werke tun, rein und stark sein und
übertriebene Fröhlichkeit unterdrücken.« Ramanuja sagt wei-
terhin, zur Urteilskraft gehöre auch die Unterscheidung zwischen reiner und unreiner Nahrung, wobei seiner Ansicht nach
Nahrung durch drei Ursachen unrein wird: 1. Durch die Natur
der Nahrung selbst, wie bei Knoblauch und anderem; 2. Durch
den Umstand, dass sie mit schlechten und lasterhaften Perso-
nen in Berührung kam, und 3. Durch äußere Unsauberkeit wie
Schmutz, Haare und anderes. Aus der Chandogya Upanishad
zitiert Ramanuja: »Wenn die Nahrung rein ist, wird das Sattva-
Element im Menschen geläutert, und seine Gedanken fließen
ununterbrochen zu Gott.«

Die Nahrungsfrage ist für den Bhakta von jeher eine der bren-
nendsten gewesen. Von Übertreibungen einiger Bhakti-Sekten
abgesehen, liegt der Nahrungsfrage zweifellos eine große Wahrheit zugrunde. Der Samkhya-Philosophie zufolge bilden die
drei Gunas (*tamas*, *rajas* und *sattva*), solange sie sich im un-
manifestierten Zustand des Gleichgewichts befinden, *prakriti*,
die unoffenbarte, undifferenzierte Natur. Erfährt dieses Gleich-

gewicht eine Störung, so werden diese drei Kräfte offenbar und gestalten das Weltall. Sie sind also Substanz und Beschaffenheit der unoffenbarten Natur (*prakriti*). Als solche sind diese drei Kräfte der Stoff, aus dem alles, auch der Mensch, gebildet ist. Nun muss aber der nach Gott Strebende *tamas* (Trägheit) und *rajas* (Leidenschaft) überwinden und sich in *sattva* (Ruhe und Gelassenheit) festigen. Die Stoffe, die wir durch die Nahrung unserem Körper zuführen, bestimmen in hohem Maße unsere geistige Verfassung, weshalb der nach Religion Strebende bei der Auswahl der Nahrung darauf achten muss, was ihm zuträglich ist und was nicht. Räumt jedoch die gesunde Urteilskraft dem Fanatismus das Feld, wie das bei manchen Adepten anscheinend unvermeidlich ist, so darf dies nicht den Meistern zur Last gelegt werden.

Doch ist schließlich die Frage der Ernährungsweise von untergeordneter Bedeutung. Shankara erklärt die oben angeführte Stelle aus den Upanishaden ganz anders, da er mit »Nahrung« das bezeichnet, was wir aufnehmen. Nach Shankaras Auslegung bedeutet also »Nahrung« das, was wir uns geistig und seelisch zuführen, und »rein« ist sie, wenn sie die Seele läutert. Nur Empfindungen, die frei sind vom Makel der Bindung, des Hasses und des Eigenwahns, sollen wir also in uns einströmen lassen. Diese »reine Nahrung« bringt uns Frieden, innere Ruhe (*sattva*) und damit Reinheit des Herzens. Haben wir diese erlangt, dann fließen die Gedanken ununterbrochen zu Gott, und der Ewig Eine, von dessen Wesen die heiligen Schriften sprechen, wird in unserem Herzen offenbar.

Diese einander scheinbar widersprechenden Erklärungen sind jedoch beide wahr und notwendig. Die Kontrolle dessen, was wir den feineren Leib nennen können, ist zweifellos eine höhere Errungenschaft als die Herrschaft über den gröberen Körper aus Fleisch und Blut, aber diesen muss man zuerst in der Gewalt haben, ehe man Meister über jenen werden kann. Der Anfänger muss daher den Diätvorschriften besondere Aufmerksamkeit zuwenden und sich der von früheren Meistern übernommenen

Tradition beugen. Der sinnlose Fanatismus aber, dem viele indische Sekten verfallen sind, ist nichts anderes als eine besondere Art von nacktem Materialismus. Er hat die Religion gleichsam in die Küche verbannt, ohne dass die edlen Wahrheiten des Geistes hoffen dürften, je das Licht der Sonne zu erblicken. Dies ist weder Jnana noch Karma noch Bhakti, sondern vielmehr ein seltsamer Wahn, und wer seine Seele daran hängt, wird wahrscheinlich eher ins Irrenhaus als in den höchsten Himmel kommen.

Eine der Haupttugenden im religiösen Leben ist die Beherrschung der Leidenschaften. Die Sinnesorgane müssen dem Willen unterworfen werden und dürfen sich nicht zügellos nach außen wenden und den Sinnesobjekten anhaften. Danach kommt die Übung von Selbstbeschränkung und Selbstverleugnung. Diese Übung erfordert einen harten Kampf. Kampf aber ist eine Notwendigkeit, sollen die ungeahnten Möglichkeiten göttlicher Offenbarungen in der Seele verwirklicht werden. »Denke an den Herrn ohne Unterlass«, so lautet das Gebot. Am Anfang ist es sehr schwer, sich dazu zu bringen, unausgesetzt an Gott zu denken, aber mit jeder neuen Anstrengung wächst diese Macht in unseren Herzen. »Durch Übung, Arjuna, und durch Loslösung von den Dingen wirst du es erreichen«, sagt Sri Krishna in der Gita.

Erlangung von Reinheit ist unbedingt die wichtigste Arbeit, die Grundlage, auf der das ganze Bhakti-Gebäude ruht. Die Reinhaltung des Leibes und die richtige Auswahl der Speisen sind leicht einzuhalten, aber ohne innere Läuterung und Reinheit hat die Einhaltung der äußerlichen Regeln keinerlei Wert. Zu den Eigenschaften, die Ramanuja als förderlich zur Erlangung von Reinheit betrachtet, zählen folgende: Wahrhaftigkeit; Aufrichtigkeit; Mildtätigkeit ohne Eigennutz; andere weder durch Gedanke, Wort noch Tat verletzen (*ahimsa*); Neidlosigkeit; Vermeidung eitler Gedanken; Nicht-Nachtragen erlittener Kränkungen. Am wichtigsten von diesen allen ist Ahimsa, kein Wesen zu verletzen. Dieses Nicht-Leid-Zufügen ist eine Pflicht, die allen Wesen gegenüber eingehalten werden muss. Es genügt nicht, wie manche glauben, gütig zu Menschen zu sein, wenn man grausam gegen Tiere ist, oder aber Katzen, Hunde und Kanarienvögel zu lieben und zu beschützen, wenn man kaltblütig seinen Menschenbruder ermordet. Es ist erstaunlich, wie beinahe jede erhabene Idee in der Welt durch Übertreibung in ihr Gegenteil verkehrt werden kann. Ein gutes Gebot, übertrieben und dem Buchstaben nach befolgt, wird zu einem ausgemachten Übel. Die Mönche gewisser indischer Sekten, die einen unerträglichen Geruch verbreiten, weil sie sich nicht waschen, um dem Ungeziefer auf ihrem Körper kein Leid anzutun, bedenken nicht die Misshelligkeiten und gesundheitlichen Schäden, die sie ihren Mitmenschen dadurch zufügen. Glücklicherweise gibt es in der Religion der Veden keine solche Sekte.

Das Kennzeichen für Ahimsa ist das Fehlen jeglicher Missgunst. So manche vermögen gute Werke zu tun aus einem plötzlichen Impuls, oder unter dem Druck eines Aberglaubens oder einer Pfaffenlist eine große Stiftung zu machen. Solche Handlungen sind aber noch kein Beweis für die Liebe zur Menschheit. Im Herzen dessen, der die Menschen wahrhaft liebt, darf sich auch nicht das kleinste Gefühl von Neid regen. Wie rasch sind doch die sogenannten Großen dieser Welt eifersüchtig aufeinander, eines Namens, eines Ruhmes oder eines bisschen Goldes wegen! Wer in seinem Herzen noch eine Spur von diesem Neid birgt, ist weit entfernt von dem Ideal, das wir Ahimsa nennen.

Kuh und Lamm fressen kein Fleisch. Dadurch sind sie aber nicht zu Yogis oder zu Erfüllern von Ahimsa geworden. Jeder Narr kann sich dieser oder jener Speise enthalten; doch hat er dadurch nicht mehr Würde als irgendein pflanzenfressendes Tier. Wer unbarmherzig Witwen und Waisen betrügt und um des Geldes willen zur verworfensten Tat fähig ist, handelt schlimmer als das niedrigste Wesen, mag er sich auch ständig nur von Gras ernähren. Wer aber nicht einmal in Gedanken einem anderen Schaden zufügt, wer sich am Wohlergehen aller, sogar seines schlimmsten Feindes, erfreut, der ist der wahre Bhakta, der ist ein Yogi, der ist der Meister, selbst wenn er jeden Tag Schweinefleisch isst. Nie dürfen wir vergessen, dass die äußerliche Einhaltung der Bräuche nur den Wert der Hilfe hat, die innere Reinheit zu entwickeln. Es ist daher, wenn es nicht möglich ist, den äußerlichen Obliegenheiten genügende Aufmerksamkeit zuzuwenden, viel wichtiger, die innere Reinheit allein zu wahren. Doch wehe dem Menschen und wehe den Völkern, die sich mit verzweifelter Kraft an die äußeren Formen klammern und dabei den wahren, geistigen Kern der Religion in Vergessenheit geraten lassen. Formen sind nur von Wert, solange sie der Ausdruck des inneren Lebens sind. Haben sie aufgehört, Lebendiges auszusagen, dann stoße man sie ohne Gnade von sich.

Ein wichtiges Hilfsmittel zur Erlangung von Bhakti ist Stärke. »Dem Schwächling gibt der Atman sich nicht zu erkennen«, lesen wir in der Mundaka Upanishad. Damit ist sowohl körperliche als auch geistige Schwäche gemeint. Stärke und Kühnheit sind zwei notwendige Tugenden für alle, die nach Gottesliebe streben. Ein abgelebter, schwächlicher Körper muss zusammenbrechen, wenn durch die Übung von Yoga geheimnisvolle körperliche und seelische Kräfte auch nur oberflächlich geweckt werden. Der Junge, der Gesunde, der Starke ist es, der mit Erfolg rechnen kann. Der starke Körper allein vermag den Schock der Reaktion auszuhalten, der von dem Versuch, die Organe zu beherrschen, ausgelöst wird. Wer den Yoga-Pfad betritt, muss stark und gesund sein; der Schwache setzt sich der Gefahr unheilbarer körperlicher oder geistiger Erkrankung aus. Willentlich den Leib zu schwächen, ist wahrlich kein geeignetes Rezept zum Erlangen geistiger Erleuchtung.

Eine unerlässliche Tugend des Bhakta ist Heiterkeit. Man begegnet häufig der Meinung, wer sich mit Religion befasst, dürfe nicht lächeln und müsse eine todernste Miene zur Schau tragen. Menschen mit ausgemergelten Leibern und traurigen Gesichtern sind reif für den Arzt, aber nicht für Yoga. Es ist das heitere Gemüt, das Beharrlichkeit kennt. Es ist der starke Verstand, der sich einen Weg durch die zahllosen Schwierigkeiten bahnt, die sich dem Yogi entgegenstellen. Nichts ist größer, nichts ist schwieriger, als dem Netz der Maya zu entschlüpfen, und nur einem Menschen mit eisernem Willen kann dies gelingen.

Doch muss man sich auch vor übertriebener Fröhlichkeit hüten. Übermäßige Heiterkeit macht untauglich zum ernsten Denken und verschwendet geistige Energien. Das »Himmelhoch-jauchzend-zu-Tode-betrübt« muss durch einen starken Willen vermieden werden. Nur das friedvolle Gemüt, das sich in harmonischem Gleichgewicht befindet, ist offen für religiöse Erfahrungen.

So wollen wir den Weg beschreiten, der uns zur wahren Gottesliebe führt.

PARA-BHAKTI
ODER
HÖCHSTE
GOTTESLIEBE

I

DIE VORBEREITENDE ENTSAGUNG

Wir haben unsere Betrachtungen über das, was wir in einem früheren Kapitel das »vorbereitende Stadium« der Bhakti genannt haben, beendet und wenden uns nunmehr dem Studium der Para-Bhakti oder der höchsten Gottesliebe zu. Alle diese Vorbereitungen dienen nichts anderem als der Läuterung der Seele. Die Wiederholung des Gottesnamens, die Riten, Gebräuche und Symbole haben nur den einen Zweck – die Läuterung der Seele. Entsagung aber ist die größte läuternde Kraft. Ohne Entsagung vermag niemand die Regionen der höchsten Gottesliebe zu betreten. Das mag viele erschrecken, aber ohne Entsagung kann es kein geistiges Wachstum geben. Alle Yogas bestehen darauf, denn sie ist der wahre Mittelpunkt, der innerste Kern aller religiösen Kultur. Religion selbst ist – Entsagung. Wenn die menschliche Seele sich von den Dingen dieser Welt zurückzieht und versucht, in höhere Regionen vorzudringen, wenn der wahre Mensch, der Geist, der hier irgendwie zum Körper geworden ist, einsieht, dass er dadurch zerstört und fast zur bloßen Materie herabgemindert wird, wenn er sich von der Materie, die ihn einzuhüllen droht, abwendet – dann beginnt die Entsagung, dann fängt das echte geistige Wachstum an.

Für den Karma-Yogi besteht die Entsagung im Verzicht auf die Früchte seiner Arbeit. Er arbeitet frei, unbekümmert um das

Ergebnis und verlangt keinen Lohn, weder jetzt noch später. –
Der Raja-Yogi erkennt: Die ganze Welt wurde erschaffen, damit die Seele Erfahrung sammeln kann, und alle Erfahrungen
führen die Seele schließlich zur Einsicht, dass sie ewig von der
Welt getrennt ist. Die menschliche Seele muss lernen und in tiefer Einsicht erfahren: Sie ist nicht Materie. Sie ist Geist, war es
von jeher und wird es ewig sein. Nachdem sie die Welt bis zur
Neige gekostet hat, muss sie einsehen, dass ihre Bindung an die
vergängliche Materie nur eine zeitliche war. Und dann kommt –
Entsagung. Der Verzicht des Jnana-Yogi ist der Schwerste, muss
er sich doch von Anfang an vergegenwärtigen, dass diese ganze
Welt, die sich so fest und kompakt gibt, nichts als Blendwerk ist.
Er muss verstehen, dass jede Kundgebung von Kraft in der Natur der Seele angehört, aber nicht der Natur. Er muss einsehen,
dass alles Wissen, alle Erfahrungen in der Seele sind, nicht in
der Natur. Durch die Macht der bloßen Vernunft muss er imstande sein, die Bande, die ihn an die Natur fesseln, zu zerreißen. Die Welt und alles, was ihr angehört, muss er überwinden
und den Versuch machen, allein für sich zu stehen.

Die – wenn man so sagen darf – natürlichste aller Entsagun-
gen ist die des Bhakta. Hier bedarf es keiner Gewalt und keines
Verzichts, hier gibt es nichts, wovon wir uns losreißen, nichts,
wovon wir uns gewaltsam trennen müssten. Die Entsagung des
Bhakta ist leicht und sanft und so natürlich wie die Dinge, die
uns umgeben. Diese Art der Entsagung spielt sich jeden Tag vor
unseren Augen ab, wenn auch mehr oder weniger in Form einer
Karikatur. Ein Mann liebt eine Frau, kurze Zeit später liebt er
eine andere und entsagt der ersten. Ganz allmählich entschwindet sie seinem Gedächtnis, ganz natürlich vergisst er sie, ohne
sich nach ihr zurückzusehnen. Ein Mann liebt seine Vaterstadt;
dann geht ihm die Liebe für sein Vaterland auf, und die Liebe für
die kleine Stadt verblasst allmählich und ganz natürlich. Wenn
dieser Mann anfängt, die ganze Schöpfung zu lieben, dann wird
seine Liebe zum Vaterland schwächer, und dem fanatischen Pat-
riotismus kann er nun entsagen, ohne dass er sich dazu zwingen

müsste. Der Ungebildete liebt nur sinnliche Genüsse; mit zunehmender Bildung wächst auch die Liebe für geistige Freuden, und das Interesse an der sinnlichen Welt nimmt langsam ab. Kein Mensch kann ein Mahl mit dem gleichen Genuss verzehren wie ein Hund oder ein Wolf, dem Tier aber entgehen die Freuden, die dem Menschen aus den geistigen Errungenschaften erwachsen. Je näher der Mensch dem Tier steht, desto mehr Freude hat er am Sinnengenuss. Je höher er sich aber entwickelt hat, je kultivierter er ist, desto größer ist seine Freude an geistigen und anderen, höheren Beschäftigungen. Schwingt er sich aber über den Bereich des Intellekts oder sogar über den des reinen Denkens in das Gebiet des Geistes, der göttlichen Inspiration, dann tritt er in einen Zustand der Glückseligkeit, vor dem alle sinnlichen und geistigen Genüsse zu nichts zerrinnen. Das Licht des Mondes lässt alle Sterne verblassen, und scheint die Sonne, so wird das Mondlicht unsichtbar.

Die Entsagung des Bhakta kommt selbstverständlich, ohne Gewaltanwendung, so natürlich wie das allmähliche Verblassen und schließlich völlige Verschwinden des schwächeren Lichtes, wenn das heller strahlende aufgeht. Die sinnlichen und geistigen Genüsse werden bedeutungslos, wenn die Liebe zu Gott erwacht. Diese Gottesliebe wächst und nimmt eine Form an, die Para-Bhakti oder die höchste Gottesliebe genannt wird. Wer diese höchste Gottesliebe kennt, für den gibt es kein Bildnis, kein Ritual mehr. Heilige Schriften werden überflüssig, Tempel, Kirchen, Konfessionen und Sekten, Länder und Völker, alle diese kleinen Begrenzungen und Bindungen fallen, nichts mehr vermag ihn zu fesseln: Er ist frei.

Ein Schiff gerät in den Bereich eines Magnetberges, der alle Bolzen und Schrauben, die das Schiff zusammenhalten, an sich zieht, wodurch die Planken frei werden und auf dem Meer treiben. So löst die göttliche Gnade die Bolzen und Schrauben, welche die Seele an die Materie fesseln, und sie wird frei. In der Entsagung, die zu dieser höchsten Gottesliebe führt, gibt es keine Härten, keinen Kampf und keine Unterdrückung. Der

Bhakta braucht keine seiner Gemütsbewegungen niederzuhalten, er muss sich nur bemühen, sie zu vertiefen und immer ausschließlicher auf Gott zu richten.

II

DER BHAKTA ENTSAGT AUS LIEBE

Wohin wir auch blicken in der Natur, überall nehmen wir Liebe wahr. Was immer in einer Gesellschaft gut, groß und edel ist, entsteht aus Liebe. Was schlecht ist, selbst das Teuflische, kommt aus dem gleichen Gefühl der Liebe, aber jenem, das in die Irre geht. Die reine, heilige Liebe zwischen Mann und Frau beruht auf dem gleichen Gefühl wie jene andere Art der Liebe, welche die niedrigste Form animalischer Leidenschaft befriedigt. Die Wurzel des Gefühls ist die gleiche, die Manifestation jedoch eine verschiedene. Das gleiche Gefühl veranlasst den einen, Gutes zu tun, indem er seine Habe unter die Armen verteilt, während es den anderen zum Raubmord treibt. Der Wohltäter liebt seine Mitmenschen in dem Maße, wie der Räuber sich selbst liebt. Beim ersten hat die Liebe den rechten Weg eingeschlagen, beim zweiten einen Irrweg. Das gleiche Feuer, das uns ein Mahl bereitet, kann ein Kind verbrennen. Das Feuer ist nicht zu tadeln, seine verschiedenen Auswirkungen sind der Art zuzuschreiben, wie es verwendet wird. Liebe also, das heiße Sehnen nach Vereinigung, der heftige Wunsch zweier, eins zu werden, oder vielleicht sogar der Wunsch aller, in eins zu verschmelzen, diese Liebe kommt überall zum Ausdruck, in höherer oder niedrigerer Form. Bhakti-Yoga ist die Wissenschaft dieser höheren Liebe. Bhakti zeigt uns die Richtung, die wir der Liebe geben sollen, wie wir sie beherrschen, sie handhaben, sie benutzen und sie gleichsam einem neuen Ziel zuführen können, damit wir aus dieser Liebe das Höchste und Glorreichste empfangen, da sie uns zur Glückseligkeit in Gott führt. Bhakti-Yoga befiehlt nicht: »Verzichte!« Es sagt: »Liebe! Liebe das Erhabenste!« Und wer das Erhabenste liebt, von dem fällt alles Niedrige ganz von selbst ab.

»Nichts weiß ich über dich auszusagen, es sei denn, dass du meine Liebe bist. Du bist schön. Oh, wie schön du bist! Du bist die Schönheit selbst!« Die Sehnsucht nach dem Schönen, die in jedem Herzen wohnt, sollen wir auf Gott richten. Das ist es, was Bhakti-Yoga eigentlich von uns verlangt. Was ist die Schönheit im menschlichen Antlitz, im Himmel, in den Sternen, im Mond? Nichts anderes als ein winziger Ausschnitt der allumfassenden göttlichen Schönheit.

> »Es ist das eine Licht, das allem Licht gibt,
> Von Seinem Glanz erstrahlt die ganze Welt.«

Nehmt den hohen Standpunkt des Gottliebenden ein, und sogleich werdet ihr euer kleines, persönliches Ich vergessen. Steht weit über all dem engherzigen, selbstsüchtigen Sich-Anklammern der Menschen. Seht nicht in der Menschheit den Kernpunkt eures höchsten Strebens. Seid Zuschauer, seid Forscher und beobachtet dieses Phänomen Natur! Erhebt euch über die persönlichen Bande, die euch an eure Mitmenschen knüpfen, und seht zu, wie sich dieses mächtige Gefühl der Liebe in der Welt auswirkt! Sicher entstehen manchmal kleinere Reibereien, aber sie gehören zum Ringen und dienen nur dazu, die höhere, die wahre Liebe zu erlangen. Gewiss gibt es hier und da einen kleinen Kampf oder eine kleine Niederlage, aber das ist alles unwichtig. Steht beiseite und lasst alle Schwierigkeiten an euch herankommen. Nur wer sich in den Strom der Welt stürzt, wird von ihm fortgerissen. Der Außenstehende aber, der das Ganze als Zuschauer, als Lernender betrachtet, wird bald fähig sein zu sehen, wie Gott sich auf millionenfache Art als Liebe kundgibt.

»Wo Seligkeit empfunden wird, sei es auch in den sinnlichsten Dingen, da wohnt ein Funke jener ewigen Glückseligkeit, die der Herr selbst ist.« Auch in der niedrigsten Form von Anziehung lebt der Kern der göttlichen Liebe. Einer der vielen Namen, die man Gott in Indien gegeben hat, heißt auf Sanskrit *hari*, was wörtlich bedeutet: »Er, der alle Herzen stiehlt.« Wahrlich, Er ist der einzige des Menschenherzens würdige Anziehungspunkt. Er allein vermag die Seele an sich zu ziehen. Glaubt ihr vielleicht, tote Materie könnte sie wahrlich an sich fesseln? Niemals! Wenn ein Mann sich in ein schönes Gesicht verliebt, glaubt ihr, es sei die besondere Anordnung dieser Handvoll materieller Moleküle, die ihn bezaubert? Keineswegs! Hinter diesen Partikeln der Materie vollzieht sich das Spiel des göttlichen Einflusses und der göttlichen Liebe. Der Mann weiß das nicht. Doch er wird, wissend oder unwissend, bewusst oder unbewusst, von dem Göttlichen gefangengenommen, das diesem Gesicht innewohnt.

»Nicht um des Gatten willen, oh Geliebter, liebt man den Gatten, sondern dem Göttlichen zuliebe, das ihm innewohnt.« (Brihadaranyaka Upanishad)

Liebende Gattinnen mögen das wissen oder nicht wissen, aber es ist in allen Fällen immer gleich wahr.

»Nicht um der Gattin willen, oh Geliebte, liebt man die Gattin, sondern dem Göttlichen zuliebe, das ihr innewohnt.«

Das trifft auf alles zu, was wir lieben. Gott ist der große Magnet, und wir sind das Eisen, das von ihm angezogen wird. Wir alle ringen darum, zu ihm zu gelangen. All unser Kampf in dieser Welt ist uns bestimmt nicht auferlegt zu selbstsüchtigen Zwecken. Nur die Toren wissen nicht, was sie tun, sie ahnen nicht, dass ihr ganzes Lebenswerk keinen anderen Sinn hat, als sich dem großen Magneten anzunähern. Alles Drängen, alles Ringen endet in Ihm, dem Herrn, auf dass wir eins werden mit Ihm.

Der Bhakti-Yogi aber kennt den Zweck des Lebenskampfes. Er weiß um seinen Sinn. Eine lange Reihe solcher Lebenskämpfe hat er hinter sich und weiß, was sie bedeuten. Seine Sehnsucht ist es, sich von allen Reibungen, allem Drängen, allem Ringen zu befreien. Er will jeden hemmenden Zusammenstoß vermeiden und unmittelbar ins Zentrum aller Anziehungskraft vorstoßen, zum großen Magneten. Das ist die Entsagung des Bhakta! Die gewaltige Anziehung, die von Gott ausgeht, lässt alles andere vor seinem Blick versinken. Wenn diese mächtige, unermessliche Gottesliebe das Herz erfüllt, wie könnte eine andere Liebe daneben bestehen? Bhakti lässt das Herz überfließen vom göttlichen Wasser des Liebesozeanes, der Gott selbst ist. Wo wäre da Raum für eine kleine Liebe? Wenn diese große Gottesliebe den Bhakta überwältigt, dann löst sich sein Herz mühelos von allem anderen. Das ist die Entsagung des Bhakta.

Diese Entsagung ist die ideale Vorbereitung, die zum Erlangen der höchsten Gottesliebe führt, öffnet sie doch der Seele die Tore zu den erhabenen Regionen der Para-Bhakti. Dann erst wissen wir, was höchste Gottesliebe ist, und nur derjenige, der diesen innersten Schrein der Gottheit betreten hat, darf sagen, dass für ihn alle Formen und Symbole überflüssig geworden sind. Einzig er hat jenen höchsten Gipfel der Liebe erklommen, von dem aus gesehen alle Menschen Brüder sind; denn in dieser Höhe sieht er keine Unterschiede. Der mächtige Bann der Liebe hat ihn erfasst, und er sieht im Menschen nicht mehr den Menschen, er sieht den Geliebten allüberall. Aus jedem Antlitz strahlt ihm der Geliebte entgegen. Das Licht der Sonne und des Mondes sind Seine Kundgebungen. Wo immer er Schönem und Erhabenem begegnet, sieht er den Geliebten. Er kennt weder Hass noch Neid noch Zorn. Wie wäre ihm dies auch noch möglich, ihm, der hinter dem Bühnenspiel die Wirklichkeit sieht!

Solche Gottliebende leben noch heute auf Erden. Nie ist die Welt gänzlich ohne sie.

III

DER BHAKTA RICHTET ALLE GEFÜHLE AUF GOTT UND ERKLIMMT STUFE UM STUFE DER GOTTESLIEBE

Der Hauptschlüssel zu Bhakti-Yoga ist das Wissen, dass die menschlichen Leidenschaften, Gefühle und Gemütsbewegungen an sich nicht schlecht sind. Sie müssen nur sorgfältig beaufsichtigt und auf eine immer höhere Ebene gelenkt werden, bis sie sich ausschließlich in der einzig wahren Richtung bewegen – zu Gott. Freude und Leid sind alltägliche Gefühle im Leben. Wer leidet, weil er nicht genug Geld oder irdische Güter besitzt, gibt seinen Gefühlen eine falsche Richtung. Aber auch Leid hat sein Gutes. Das Leid, das einer empfindet, weil er Gott noch nicht gefunden hat, wird ihm Erfüllung bringen. Wer sich über Geldgewinn freut, gibt seiner Freude eine falsche Richtung, er sollte sie dem höchsten Ideal zuwenden. Freude in Gott ist die herrlichste, die erhabenste Freude. So lenkt der Bhakta wissentlich seine sämtlichen Gefühle Gott zu und erklimmt auf diese Weise Stufe um Stufe der Gottesliebe.

Diese beginnt mit Ehrfurcht. Warum blicken wir mit Ehrfurcht auf Tempel und heilige Orte? Weil Gott dort angebetet wird und weil wir die Idee Seiner Anwesenheit mit diesen Orten verbinden. Warum begegnet man überall voller Ehrfurcht dem Seelenführer, dem Lehrer der Religion? Unwillkürlich neigt sich das menschliche Herz ehrerbietig vor denen, die Gott verkünden.

Die nächste Stufe ist die Freude in Gott (*priti*). Welchen großen Genuss bereiten die Objekte der Sinne dem Menschen! Keine Gefahr scheut er, den geliebten Gegenstand, an den sich seine Sinne geheftet haben, zu erlangen. Wie der Weltliche die Lustbarkeiten der Welt liebt, so liebt der Bhakta Gott.

Dann kommt jener süßeste aller Schmerzen, das tiefe Herzensleid des Liebenden, der sich nach dem fernen Geliebten sehnt (*viraha*). Wer solchen Schmerz erleidet, weil er Gott noch nicht gefunden hat, weil er nicht kennt, was einzig wert ist, gekannt zu werden, den beugt ein tiefer Kummer nieder, der ihn zum Rande des Wahnsinns treiben kann. In diesem Zustand ist dem Menschen jede Gesellschaft unerträglich, er will nur bei dem Geliebten weilen. Wir begegnen dieser Gemütsverfassung häufig auch dann, wenn es sich um irdische Liebe handelt. Die beiden Liebenden wünschen dauernd, allein beieinander zu sein, und jeder Anwesende wird als Störung empfunden. Wenn Bhakti den Gottliebenden überwältigt, dann ergreift ihn eine Ungeduld, die ihm alles, was nicht Gott ist, unerträglich macht. Es ist ihm sogar zuwider, ein Gespräch auch nur anzuhören, das nicht von Gott handelt. »Gib eitle Rede auf und denke an Ihn, an Ihn allein.«

Eine noch höhere Stufe wird erreicht, wenn das Leben selbst nur dem einen Ideal der Liebe gewidmet ist, wenn es einzig dieser Gottesliebe wegen als schön und lebenswert empfunden wird. Ohne diese Liebe fiele das Leben in sich zusammen. Das Leben ist süß, weil der Liebende sich in Gott fühlt (*tadiyata*, gleichbedeutend mit »Seinheit«). Diese Stufe der »Seinheit« erreicht nur der Vollkommene, der Begnadete, der Gott erlangt und gleichsam Seine heiligen Füße berührt hat. Das Wesen dieses Menschen ist geläutert und gewandelt. Obwohl der Zweck dieses Daseins dann erfüllt ist, leben solche Bhaktas weiter, nur um Ihn lieben zu können. Das ist die einzige Freude und Glückseligkeit, die sie nicht aufgeben wollen. »Oh König, so beglückend ist Haris Wesen, dass selbst die, welche Erfüllung gefunden haben, deren Herzenswirren gelöst sind, dass selbst die den

Herrn lieben um der Liebe willen.« So gewaltig ist die Macht der Liebe! Wer sich selbst vergessen hat, wer fühlt, dass nichts sein eigen ist, wem alles heilig ist, weil es Ihm, dem Geliebten, gehört, der hat die Stufe der »Seinheit« erklommen. Selbst in der irdischen Liebe ist jeder Gegenstand, der dem Geliebten gehört, dem Liebenden heilig; und so ist dem, der Gott liebt, das ganze Weltall heilig, weil es Ihm gehört.

IV

ÜBER DIE ALLUMFASSENDE LIEBE UND WIE SIE ZUR SELBSTHINGABE FÜHRT

Wie können wir das Einzelne lieben, ohne zuerst das Allumfassende zu lieben? Gott ist das Allumfassende, das abstrakte, universale Ganze; und das sinnlich wahrnehmbare Weltall ist das Einzelne. Die Welt, die zahllosen Millionen von kleinen Einheiten zu lieben, ist nur möglich, wenn wir die allumfassende Einheit lieben. Die indischen Philosophen machen nicht Halt beim Einzelnen, sie werfen nur einen raschen Blick darauf und machen sich unmittelbar daran, die allgemein gültige Form zu finden, die alle Einzelheiten in sich schließt. Das Allumfassende war es, wonach indische Philosophie und Religion von jeher geforscht haben.

Der Jnani trachtet nach der Ganzheit der Dinge, nach jenem einen, absoluten Sein, dessen Erkenntnis ihn alles andere erkennen lässt. Der Bhakta möchte die eine, abstrakte, alles umfassende Person lieben lernen; und wenn er diese Liebe errungen hat, dann liebt er die ganze Welt. Der Raja-Yogi will sich jene eine Macht aneignen, durch die er das ganze Universum beherrscht.

Von jeher hat sich der indische Geist diesem einzigartigen Forschen nach dem Universalen in allen Dingen zugewandt, und dies gilt für die Wissenschaft wie für Psychologie, Liebe und Philosophie.

Auf diese Weise kommt der Bhakta zur Schlussfolgerung, dass es unmöglich ist, die Welt zu lieben, indem man einen Menschen nach dem anderen liebt, selbst wenn man dies durch eine unendliche Zeitspanne fortsetzte. Er erkennt schließlich: Die Gesamtsumme aller Liebe ist Gott; das Endziel aller Seelen im Weltall, ob frei, gebunden oder Erlösung suchend, ist Gott. Ihn zu lieben, heißt alles zu lieben. Liebe zu Ihm ist allumfassende Liebe. Ohne Liebe zu Gott ist Liebe zu den Menschen und zur Welt unmöglich. Weil alles Gott, dem Geliebten, gehört, ist dem Bhakta alles heilig. Alle sind Seine Kinder, Seine Manifestation. Wie könnte der Bhakta einem Wesen Leid zufügen? Wie sollte er nicht jeden lieben? Je näher sich die Seele bei Gott weiß, desto leichter wird sie gewahr, dass alles in Ihm ist, und wenn höchste Gottesliebe von ihr Besitz ergreift, sieht sie Ihn, den Geliebten, in allem. So verwandelt sich das Herz zu einem ewigen Quell der Liebe; die kleinen Unterschiede, die ein Wesen vom anderen trennen, verschwinden. Mensch, Tier und Pflanze, sie alle werden zu Gott. Wer diese Höhen der Gottesliebe erreicht, beugt sich in Ehrfurcht vor jedem Leben, vor jedem Wesen. »Der Weise, der erkennt, dass Er, der geliebte Herr, in allem wohnt, zeigt tiefe Liebe jedem Wesen.«

Diese tiefe, alles aufnehmende Liebe mündet in vollkommene Selbsthingabe. Eine solche Seele ist gegen alles gefeit, denn was auch immer geschehen mag, es ist ihr willkommen. Schmerz, Leid, Elend, Tod, alles nimmt sie hin mit einem Lächeln. »Begnadet bin ich, dass sie alle zu mir kommen, denn sie kommen vom Geliebten.« In diesem Stadium vollkommener Selbsthingabe kennt der Bhakta keinen Unterschied zwischen Lust und Leid, soweit sie ihn selbst berühren. Er weiß nicht, was es ist, über Schmerz und Elend zu jammern. Ist nicht diese klaglose Ergebung in Gottes Willen eine wertvollere Errungenschaft als alle Glorie großer und heroischer Taten?

Den meisten Menschen ist der Leib das Wichtigste. Er und die leiblichen Genüsse bedeuten ihnen alles. Wir sind besessen von diesem Dämon der Anbetung unseres Leibes und dessen, was damit zu tun hat. Mögen wir auch hohe Reden führen und hohe Gedankenflüge haben, die sich mit dem Geist befassen; wenn es aber darauf ankommt, sind wir wie der Aasgeier, der zwar hoch oben in den Lüften fliegt, das Stück Aas auf der Erde aber nicht aus dem Auge lässt. Warum sollte unser Leib zum Beispiel vor dem Tiger gerettet werden? Warum werfen wir ihn nicht der Bestie hin, wenn es ihr Freude macht? Wäre das nicht wahre Selbstaufopferung? Vermag es jemand, diese Form von Selbstaufopferung zu verwirklichen? Dazu müsste man die schwindelerregende Höhe auf dem letzten Gipfel der Liebesreligion erreichen; und nur wenige auf dieser Welt haben diesen steilen Fels erklommen. Doch nur wer diesen höchsten Punkt der stets bereiten und stets willigen Selbsthingabe bezwungen hat, kann ein vollkommener Bhakta genannt werden. Wir mögen uns noch so sehr bemühen, unseren Körper zu erhalten, irgendwann müssen wir doch sterben. Deshalb sind diejenigen gesegnet, die den Leib im Dienst an anderen aufgeben. »Der Weise hält Reichtum und selbst das Leben stets für andere bereit. In dieser Welt, in der nur eines sicher ist, der Tod, ist es weit besser, den Körper einer guten Sache zu opfern als einer schlechten.« Keiner kann dem Tod entrinnen. »In dieser vergänglichen Welt, in der alles zugrunde geht, müssen wir von unserer Zeit den besten Gebrauch machen«, sagt der Bhakta. Der beste Gebrauch aber ist es, dieses Leben für den Dienst an anderen bereitzuhalten.

Die verderbliche, irrige Auffassung von der Bedeutung des Körpers, dieser verhängnisvolle Wahn, wir seien identisch mit dem Leib, den wir besitzen, und wir müssten alles nur irgend Mögliche tun, um ihn zu befriedigen und zu erhalten, ist schuld an aller Selbstsucht in der Welt. Sobald wir erkennen, dass wir etwas ganz anderes sind als der Körper, gibt es nichts mehr, wogegen wir kämpfen oder uns wehren müssten. Alle selbstsüchtigen Gedanken haben ein Ende. Deshalb erklärt der Bhakta, wir sollten uns den Dingen der Welt gegenüber so verhalten, als seien wir tot, und eben das ist Selbsthingabe. Lasst kommen, was kommen mag! Das ist die Bedeutung des Wortes: »Dein Wille geschehe!« Nicht erheben sollen wir uns und streiten und uns zur Wehr setzen und dazu noch unsere Unvollkommenheiten und unsere Begierden für gottgewollt halten. Vielleicht bewirken sogar unsere selbstsüchtigen Kämpfe letzten Endes etwas Gutes; doch ist das bestimmt nicht uns zu verdanken, sondern Gott. Der vollkommene Bhakta wird niemals etwas für sich selbst wollen oder tun. »Herr, in deinem Namen baut man große Tempel, in deinem Namen macht man große Gaben. Doch ich bin arm, ich habe nichts als meinen Leib; ihn will ich dir zu Füßen legen. Verlass mich nicht, Herr!« So lautet das Gebet, das der Bhakta aus der Tiefe seines Herzens sendet. Wer diese ewige Selbstaufopferung einmal erprobt hat, dem ist sie wertvoller als alle Macht und aller Reichtum, aller Ruhm und aller Genuss dieser Welt. Die stille Ergebung des Bhakta erfüllt das Herz mit jenem »Frieden Gottes, der alles Ermessen übersteigt«. Welcher Wert ließe sich dem vergleichen? In diesem Zustand der äußersten Selbsthingabe fallen alle Fesseln, welche die Seele binden, ausgenommen die eine der alles verzehrenden Liebe zu Ihm, in dem »alles lebt und webt und sein Dasein hat«. Aber diese Bindung der Gottesliebe knechtet die Seele nicht. Sie ist die Macht, die alle Ketten sprengt.

V

HÖCHSTE ERKENNTNIS UND HÖCHSTE LIEBE SIND EINES

Im ersten Kapitel wurde bereits darauf hingewiesen, dass zwischen Erkenntnis (Jnana) und Liebe (Bhakti) kein so wesentlicher Unterschied besteht, wie allgemein angenommen wird. Die Einteilung in vier scharf getrennte Yoga-Wege entspricht nur dem Bedürfnis, die vielen verschiedenen menschlichen Temperamente zu klassifizieren. Im praktischen Leben wird es keinen Menschen geben, der nur einem der Pfade unter Ausschluss aller anderen folgen könnte. Arbeit und Andacht, Philosophie und Beherrschung der Seelenkräfte müssen zusammenwirken, wenn man Gott verwirklichen will, der das Ziel aller Yoga-Pfade ist. Man tut gut daran, diesen Gesichtspunkt niemals außer Acht zu lassen, wenn man die Stellen in den heiligen Schriften studiert, die sich mit den verschiedenen Yoga-Pfaden befassen.

Das zwölfte Kapitel der Bhagavad Gita, das in der Hauptsache von Bhakti-Yoga handelt, beginnt mit einer Frage, die Arjuna, der Königssohn und Feldherr, an seinen göttlichen Meister Sri Krishna richtet:

Arjuna spricht:

»Dir dienen, Herr, die einen als dem Gott,
Der offenbar ist, und andere, die
Dich als den Einen, der nicht offenbar
Den Körperlosen, Ewigen betrachten.
Wer von den beiden geht den bessern Weg?«

Sri Krishna:

»Wer treulich mir im festen Glauben dient,
So wie er mich in seinem Herzen findet,
In einer Form, die er erfassen kann,
Den halt' ich heilig und er ist mir lieb.

Doch wer mich als den Ewigen erkennt,
Als Namenlosen und Nichtoffenbaren,
Unvorstellbaren und als Höchsten, der
Von keiner Form beschränkt, unendlich ist;

Wer so mich ehrt, und meine Gegenwart
In allen Wesen sieht, und in der Kraft
Des Guten lebend, sich des Daseins freut,
Der geht am Ende in mich ein.

Doch schwer und mühsam ist der Weg für jene,
Die dem Nichtoffenbaren das Gemüt
Entgegenwenden; schwer zu finden ist
Der Pfad des Geistes für das Fleischgebor'ne.

Wer sich mit reinem Herzen mir ergibt
Und was er tut in meiner Kraft vollbringt,
Dem Ich entsagend sich in mir befestigt,
Und Tag und Nacht sich meinem Dienste weiht;

Den werd ich sicher aus der Sturmflut heben;
Im Wogenschwall des Lebensmeeres soll

Er nicht versinken; ich errette ihn,
Weil er in mir die rechte Rettung sucht.«[11]

In diesen Versen spricht Sri Krishna über Jnana- und Bhakti-Yoga. Jnana, der Weg der Erkenntnis, verlangt Größe, er beruht auf der erhabensten Philosophie. Seltsamerweise glauben die meisten Menschen, es sei einfach, den Forderungen der Philosophie nachzukommen. Es mag leicht sein, Philosophie zu lesen und ihre Lehren zu verstehen, aber es ist sehr schwierig, diese Lehren im täglichen Leben zu verwirklichen. Der Jnani muss sich jeden Augenblick daran erinnern, dass er nicht mit dem Leib identisch ist, dass sein wahres Wesen das innewohnende göttliche Selbst ist. »Doch schwer zu finden ist der Pfad des Geistes für das Fleischgebor'ne.« Es ist für den gewöhnlichen Sterblichen beinahe unmöglich, die Körperidee zu überwinden. Deshalb wird der Weg »schwer und mühsam« genannt. Die große Versuchung des Jnani ist es, seine Fehler und Irrtümer mit der Idee zu bemänteln, er sei das reine, göttliche Selbst, und seine Taten, gut oder böse, seien bedeutungslos. Da der Teufel bekanntlich mit Vorliebe die heiligen Schriften für seine Zwecke zitiert, beruft sich ein solcher »Jnani« auf die Stelle aus der Gita, die sagt, das Selbst sei unsterblich, es töte nicht, noch könne es getötet werden.

Auf dem Weg der Erkenntnis muss man gleichsam den Gebirgsfluss zurück zu seiner Quelle zwingen. Diese Methode ist die schnellere, aber die viel schwierigere. Der Weg der Hingabe dagegen ist ein natürlicher und erfreulicher. Die Liebe sagt: »Überlasse alles dem Strom; gib dich ihm hin auf ewig.« Der letztere Weg ist der längere, aber der leichtere und glücklichere. Der Bhakta kennt nicht den hohen Gedankenflug des Jnani, aber er weiß auch nichts von seinem tiefen Fall. Doch beide, der Erkenntnissuchende und der Liebende, erreichen am Ende das gleiche Ziel.

---

11 Übersetzung Franz Hartmann.

Der Erkenntnissuchende verzichtet von Anfang an auf Formen, Zeremonien, Riten und Symbole. Durch reine Willenskraft erhebt er sich über Körper und Geist und erkennt sein wahres Selbst, den Atman, als das Selbst in allem. Wie sollte er, der sich selbst in allem findet, nicht alles lieben? Er hat den innewohnenden Gott als den Inbegriff der Liebe erkannt. Die von höchster Gottesliebe überwältigte Seele dagegen sprengt aus eigener Kraft alle Fesseln, die sie an die Welt binden, und wird frei. Formen, Zeremonien, Riten und Symbole werden für diesen Gottliebenden überflüssig, hat er doch den Geliebten im eigenen Herzen gefunden und betet Ihn dort an. Höchste Erkenntnis geht Hand in Hand mit vollkommener Liebe, und vollkommene Liebe endet in höchster Erkenntnis. Sie sind eines.

VI

DAS DREIECK DER LIEBE

Es sei uns erlaubt, die Liebe als ein Dreieck darzustellen, dessen drei Winkel jeder einem von dieser Liebe nicht zu trennenden Merkmal entspricht. Wie es kein Dreieck ohne drei Winkel gibt, so kann es keine wahre Liebe ohne diese drei Kennzeichen geben. Der erste Winkel unseres Liebesdreiecks ist: Liebe kennt kein Handeln. Wo immer eine Gegenleistung erwartet wird, kann keine wahre Liebe sein; denn sie wird zum Handelsgeschäft. Solange wir die Idee haben, Gott müsse uns zur Belohnung für unsere Verehrung und Ergebenheit diese oder jene Gunst erweisen, so lange kann keine wahre Liebe in unserem Herzen reifen. Wer Gott um der Gunst willen liebt, die er von Ihm erwartet, wird aufhören, Ihn zu lieben, wenn die Gunst ausbleibt. Der Bhakta liebt Gott, weil Gott liebenswert ist, er kennt keinen anderen Beweggrund.

Man erzählt die Geschichte eines Königs, der einem Weisen im Wald begegnete. Seine Reinheit und Weisheit gefielen ihm so sehr, dass er ihm ein Geschenk machen wollte. Der Weise aber erwiderte: Die Früchte des Waldes ernähren mich; das klare Gebirgswasser stillt meinen Durst; die Baumrinde bekleidet mich und die Berghöhlen gewähren mir Unterkunft. Wozu sollen mir Geschenke dienen?« Der König aber bat den Weisen, er möge, ihm zuliebe, in seinen Palast kommen und dort ein

Geschenk auswählen. Der Weise ließ sich schließlich überreden und folgte dem König zum Palast. Dort ließ sich der König erst zum Gebet nieder. Als nun der Weise hörte, wie der König zu Gott um Reichtum, um Gesundheit, um Kinder, um Landgewinn flehte, erhob er sich, noch bevor das Gebet beendigt war, und machte sich auf den Heimweg. Der König, überrascht, ihn nicht mehr vorzufinden, eilte ihm nach und fragte ihn, warum er ohne sein Geschenk weggegangen sei. Da erwiderte der Weise: »Sollte ich Geschenke von einem Bettler annehmen? Ich hörte dich beten und sehe, dass du selbst nur ein Bettler bist, wie sollte ich so töricht sein und dich um etwas bitten«, und verschwand mit diesen Worten im Wald.

Bittgebete sprechen nicht die Sprache der Liebe. Man sollte Gott nicht einmal um Erlösung bitten. Liebe kennt keinen Lohn. Liebe ist um der Liebe willen da. Der Gottliebende liebt, weil er nicht anders kann. Wenn wir eine schöne Landschaft lieben, verlangen wir auch nichts von ihr, noch sie von uns. Doch haben wir bei ihrem Anblick ein beglückendes Gefühl, das allen Zwiespalt im Herzen zum Schweigen bringt, uns über unsere sterbliche Natur hinaus in höhere Regionen hebt und uns in einen Zustand beinahe göttlicher Ekstase versetzt. Dieses Wesen der wahren Liebe ist der erste Winkel unseres Dreiecks: Verlange nichts für deine Liebe. Sei stets der Gebende. Bringe deine Liebe Gott entgegen, aber erwarte keinen Lohn, nicht einmal von Gott.

Der zweite Winkel ist: Liebe kennt keine Furcht. Nur die auf niedriger Stufe Stehenden lieben Gott aus Furcht. Sie beten Gott an aus Angst vor Strafe. Für sie ist Er ein erhabenes Wesen mit dem Stock in der einen und dem Zepter in der anderen Hand. Haben sie Ihm nicht gehorcht, dann fürchten sie sich vor Schlägen. Es ist eine Erniedrigung, Gott aus Angst vor Strafe zu verehren. Eine solche Anbetung, wenn man sie so nennen darf, ist die gröbste Form der Liebe. Wo Furcht im Herzen ist, kann Liebe nicht aufgehen. Liebe besiegt alle Furcht. Denkt an eine junge Mutter in der Straße. Bellt ein Hund sie an, so hat sie Angst und flieht ins nächste Haus. Nehmen wir aber an, die gleiche Mutter habe ihr Kind im Arm und ein Löwe fiele sie an. Dann wird sie keine Angst mehr für sich empfinden und sich lieber dem Löwen in den Rachen werfen, als ihr Kind gefährden zu lassen. Liebe besiegt alle Furcht. Furcht entsteht aus dem selbstsüchtigen Gedanken, man sei vom Rest der Welt abgesondert. Je enger und egoistischer wir sind, desto größer ist die Furcht. Je enger der Kreis ist, den der Mensch um sich zieht, desto größer wird seine Furcht sein, und je weiter er das Zentrum von seiner Person wegverlagert, desto weniger wird er sich fürchten. Solange noch der kleinste Rest von Furcht in uns wohnt, ist die Liebe noch nicht aufgegangen. Liebe und Furcht sind unvereinbar. Wer Gott liebt, kann Ihn nicht fürchten. Das Gebot: »Du sollst den Namen des Herrn nicht missbrauchen«, ist dem wahrhaft Liebenden unverständlich. In der Religion der Liebe gibt es keine Gotteslästerung. Je mehr man den Namen Gottes ausspricht, in welchem Sinn auch immer es geschehen mag, desto besser. Man nennt Seinen Namen, weil man an Ihn denkt.

Der dritte Winkel des Liebesdreiecks ist: Liebe kennt keinen Rivalen, weil ja in dieser Liebe stets das höchste Ideal des Liebenden verkörpert ist. Die wahre Liebe kommt erst, wenn der Gegenstand der Liebe unser höchstes Ideal ist. Die menschliche Liebe mag häufig irregeleitet und falsch am Platze sein, aber für den, der liebt, ist die geliebte Person stets sein eigenes höchstes Ideal. Einer wird vielleicht sein Ideal im nichtswürdigsten Geschöpfe erblicken und ein anderer im edelsten. Dessen ungeachtet, ist es in beiden Fällen das Ideal, das wahrlich und innig geliebt wird. Das höchste Ideal des Menschen ist Gott. Für den Toren wie für den Weisen, für den Heiligen wie für den Sünder, für Mann und Frau, für den Gebildeten oder den Ungebildeten ist das erhabenste Ideal stets Gott. Die Verschmelzung aller hohen Ideale des Schönen, des Erhabenen, des Machtvollen bietet uns den vollkommensten Begriff des liebenden und liebenswerten Gottes. Diese Ideale sind in der einen oder anderen Form jedem Herzen eingeboren. Sie bilden ein Stück und einen Teil davon. Alle aktiven Kundgebungen der menschlichen Natur sind ein Ringen jener Ideale, im täglichen Leben verwirklicht zu werden. Die mannigfachen Handlungen der gesamten menschlichen Gesellschaft erhalten ihren Antrieb von den verschiedenen Idealen der menschlichen Seelen. Diese Ideale machen den Versuch, sich in der Außenwelt zu verkörperlichen. Was innen ist, drängt nach außen. Dieser ständig herrschende Einfluss des Ideals ist die eine Macht, die eine bewegende Kraft, die pausenlos in der Menschheit wirksam ist. Hunderte von Geburten, Jahrtausende währender Kampf sind vielleicht vonnöten, bis der Mensch einsieht, dass der Versuch vergeblich ist, die Außenwelt nach dem inneren Ideal zu gestalten und damit in Übereinstimmung zu bringen. Hat er dies endlich erkannt, dann wird er nicht mehr versuchen, das eigene Ideal auf die Außenwelt zu projizieren, sondern das Ideal selbst als solches verehren. Dieses in jeder Hinsicht vollkommene Ideal umfasst alle geringeren.

Jeder gibt die Wahrheit des Wortes zu, dass ein Liebender die Schönheit Helenas im Antlitz der Äthioperin erblickt. Der neutrale Beobachter erkennt wohl, dass hier von Schönheit nicht die Rede sein kann, aber der Liebende sieht trotzdem Helena und nicht die Äthioperin. Wie dem auch sei, das, was wir lieben, wird zum Mittelpunkt, in dem sich unsere Ideale kristallisieren. Was die Welt gewöhnlich anbetet, ist gewiss nicht jenes allumfassende, in jeder Hinsicht vollkommene Ideal, das der von höchster Liebe und äußerster Hingabe durchdrungene Fromme anbetet. Das vom Menschen verehrte Ideal deckt sich mit dem, was er in sich trägt. Jeder projiziert sein eigenes Ideal auf die Außenwelt und kniet davor nieder. Deshalb wird sich der Grausame und Blutdürstige einen grausamen und blutdürstigen Gott vorstellen, denn er kann nur das lieben, was ihm als Ideal vorschwebt. Das Ideal des wahrhaft guten Menschen aber muss grundverschieden sein von dem der übrigen Welt, und seine Vorstellung von Gott muss daher eine hohe und erhabene sein.

VII

DER GOTT DER LIEBE IST BEWEIS SEINER SELBST

Was ist das Ideal des Gottliebenden, der den Gedanken der Selbstsucht, der Belohnung und der Furcht überwunden hat? Sogar zum allmächtigen Gott wird ein solcher Mensch sagen: »Ich gebe dir alles und ich will nichts von dir. Nichts gibt es, was ich mein eigen nennen könnte.« Wer auf diese Höhe gelangt, dessen Ideal wird die vollkommene Liebe und völlige Furchtlosigkeit in dieser Liebe, ein Ideal, das die engen Grenzen des Abgesondertseins überschritten hat, denn es ist allumfassend, Liebe ohne Schranken und Fesseln, Liebe selbst, unbedingte Liebe. Dieses hehre Ideal der Religion der Liebe wird so angebetet, wie es ist, ohne Zuhilfenahme von Symbolen oder anderen Hinweisen. Die Hingabe an dieses alles in sich schließende Ideal als solches ist die erhabenste Form der Para-Bhakti; alle anderen Formen sind nur Stufen, um diese zu erreichen. Unsere Fehlschläge und Erfolge sind Meilensteine auf dem Weg, der zur Verwirklichung dieses höchsten Ideals führt. Wir greifen einen Gegenstand nach dem anderen auf, um das Ideal, das wir in uns tragen, auf diese Gegenstände zu projizieren, und da alle diese äußeren Gegenstände als Spiegelbild des stets sich erweiternden inneren Ideals unzulänglich werden, müssen wir sie, einen nach dem anderen, wieder verwerfen. Schließlich dämmert die Einsicht, dass es vergebliche Mühe ist, das Ideal in äußeren

Objekten verwirklichen zu wollen, da alle äußeren Dinge nichtig sind im Vergleich zum Ideal selbst, und im Laufe der Zeit gewinnt der Gottliebende die Macht, dieses erhabenste Ideal als eine Abstraktion zu erleben, die für ihn im höchsten Maße lebendig und wirklich ist. Hat der Liebende diesen Punkt erreicht, dann braucht er nicht mehr zu fragen, ob Gott bewiesen werden kann oder nicht, ob Er allmächtig und allwissend ist oder nicht. Für ihn ist Er einzig der Gott der Liebe. Er ist das höchste Ideal der Liebe, und das erfüllt alle seine Erwartungen. Er, als Liebe, ist Sein eigener Beweis. Es bedarf keines Beweises für den Liebenden, dass der Geliebte existiert. Der Gott anderer Religionen mag vielleicht eines Beweises Seiner Existenz bedürfen, der Bhakta aber kennt Gott nicht in dieser Form. Für ihn existiert Er allein als Liebe.

»Nicht um des Gatten willen, oh Geliebte, liebt man
den Gatten, sondern dem göttlichen Selbst zuliebe.
Nicht um der Gattin willen, oh Geliebter, liebt man
die Gattin, sondern dem göttlichen Selbst zuliebe.«
(Brihadaranyaka Upanishad)

Es wird manchmal behauptet, Selbstsucht sei der einzige Beweggrund aller menschlichen Handlungen. Auch Selbstsucht ist Liebe, eine niedrige, weil sie sich auf ein Einzelwesen beschränkt. Wer sich aber als das Allumfassende betrachtet, wie sollte der selbstsüchtig sein? Wer aber irrtümlich glaubt, er sei ein kleines Etwas, dessen Liebe wird eng und wendet sich diesem kleinen Etwas zu. Man darf die Sphäre der Liebe nicht verengen und beschränken. Alles im Weltall ist göttlichen Ursprungs und daher wert, geliebt zu werden, und die Liebe zum Ganzen schließt die Liebe zu den Teilen in sich. Dieses Ganze ist der Gott der Liebe des Bhakta. Alle anderen Gottesbegriffe, wie Vater im Himmel, Herr der Welt oder Schöpfer sowie alle Theorien, Lehren und heiligen Schriften haben keinen Zweck mehr für den Gottliebenden. Die aus dem Herzen strömende

Liebe und Hingabe machen diese Dinge überflüssig. Das reine und lautere Herz, das bis zum Rande angefüllt ist mit dem göttlichen Nektar der Liebe, empfindet alle anderen Ideen von Gott als unangemessen und unwert, so groß ist die Macht dieser alles verzehrenden Liebe.

Der vollkommene Bhakta betet Gott nicht in Kirchen und Tempeln an, für ihn gibt es keinen Ort, wo er Ihn nicht fände. Er erkennt Ihn im Tempel und außerhalb, in der Heiligkeit des Heiligen und in der Gottlosigkeit des Gottlosen. Im Herzen des Bhakta thront in Seiner ganzen Glorie dieses eine allmächtige, ewig strahlende, ewig währende Licht der Liebe.

VIII

MENSCHLICHE
DARSTELLUNGEN DES
GÖTTLICHEN LIEBESIDEALS

Es ist unmöglich, das erhabene und absolute Ideal der Gottesliebe in menschlicher Sprache auszudrücken. Auch der höchste
Flug menschlicher Gedanken ist außerstande, dieses Ideal in
seiner ganzen unendlichen Vollkommenheit und Schönheit zu
erfassen. Dessen ungeachtet waren die Anhänger der Religion
der Liebe, sowohl der niederen als der höheren Formen, zu allen Zeiten gezwungen, sich der unzulänglichen menschlichen
Sprache zu bedienen, um ihr eigenes Liebesideal zu erfassen
und zu beschreiben. Noch mehr, menschliche Liebe in allen ihren Gestalten musste dazu dienen, jene unbeschreibliche göttliche Liebe bildlich darzustellen. Der Mensch kann an göttliche
Dinge nur in der ihm eigenen menschlichen Weise denken. Das
Absolute kann nur in der Sprache des Relativen ausgedrückt
werden. Das ganze Weltall ist für uns eine Niederschrift des
Unendlichen in der Sprache des Endlichen. Deshalb bedient
sich der Bhakta der für gewöhnliche Menschenliebe geläufigen
Ausdrücke, wenn er von Gott und Gottesanbetung durch Liebe
spricht. Einige der Großen, die über Para-Bhakti geschrieben
haben, machten den Versuch, die göttliche Liebe auf die verschiedensten Arten zu begreifen und zu erfahren.

Die niedrigste Form, in der diese Liebe erfasst wird, hat man
die friedliche (*shanta*) genannt. Es ist die Gottesandacht, bei

der das Feuer der Liebe, die an Tollheit grenzende Begeisterung noch fehlen. Diese Andacht steht ein wenig höher als die Anbetung in Symbolen und Zeremonien.

Die nächste Stufe ist das Verhältnis von Herr und Diener. Gott ist der Herr, der Anbetende der Knecht Gottes. Es ist die Anhänglichkeit des treuen Knechtes, der dem Herrn mit Liebe und Hingebung dient. Im Sanskrit heißt diese Beziehung *dasya*. Dasya umfasst noch die Beziehung des Kindes zum Vater und zur Mutter. Der Fromme ist das Kind des liebenden Vaters oder der liebenden Mutter. Die Vaterbeziehung spielt in der christlichen Religion, die Mutterbeziehung in der Hindu-Religion eine hervorragende Rolle.

Eine Stufe höher steht die Liebe zu Gott als Freund (*sakhya*). »Du bist unser geliebter Freund.« Der Mensch steht mit seinem Freund auf gleichem Fuß. Mit ihm kann er alles beraten und ihm seine heimlichsten Gedanken anvertrauen, weiß er doch, der Freund wird ihn nicht schelten, sondern ihm zu helfen versuchen. Dem ebenbürtig ist die Liebe zwischen dem Liebenden und Gott, seinem Freund, der ihm nahesteht, dem er alles erzählen kann, und der ihn als ebenbürtig behandelt. Gott wird hier zum Spielgefährten. Ist nicht die ganze Welt eine Bühne, auf der wir spielen? Wie Kinder ihre Spiele spielen, Kaiser und Könige die ihren, so spielt der Geliebte Herr mit diesem Weltall. Er ist vollkommen. Er braucht nichts. Warum sollte Er erschaffen? Tätigkeit, wie wir sie verstehen, hat stets die Erfüllung irgendeines Bedürfnisses zum Ziel, und die Voraussetzung des Bedürfnisses ist Unvollkommenheit. Gott aber ist vollkommen. Er hat keine Bedürfnisse. Zu welchem Zweck sollte Ihm diese ewig in Bewegung befindliche Schöpfung dienen? Die Erzählungen, Gott habe die Welt für diesen oder jenen Zweck, den wir uns einbilden, erschaffen, sind nichts weiter als Erzählungen. Die Welt ist Sein Spiel, Seine Ergötzung, und zweifellos muss dieses Spiel Ihn sehr belustigen. Lasst uns fröhlich mitspielen, als Arme oder Reiche, als in Notgeratene, in Gefahrenschwebende oder als Glückliche. Alles soll uns willkommen sein auf dieser Bühne Welt, auf der Gott mit uns spielt und wir mit Ihm. Er ist unser ewiger Spielgefährte, und das Spiel endigt, wenn der Weltenzyklus zum Abschluss kommt. Dann, nach einer kürzeren oder längeren Pause, beginnt das Spiel von Neuem. Nur wenn wir vergessen, dass alles ein Spiel ist und wir Ihm bei diesem Spiel helfen, wird das Herz von Sorge und Kummer schwer, und die Welt drückt uns mit fürchterlicher Wucht nieder. Aber sobald wir den todernsten Gedanken aufgeben, alle Zwischenfälle in unserem so kurz währenden Leben seien wirklich, und gewahr werden, dass wir auf der Bühne stehen und spielen, hat alles Elend ein Ende. Er spielt, verborgen im Atom, Er spielt, wenn er Sonnen, Monde und Erden baut. Er spielt mit dem menschlichen Herzen, und er spielt mit Tier und Pflanze. Er stellt uns wie Figuren auf das Schachbrett, erst in dieser Ordnung, dann in jener, und schließlich wirft Er alles um. Bewusst oder unbewusst sind wir Helfer in diesem Spiel. Wir sind Seine Spielgefährten!

Die nächste Stufe ist die Liebe zu Gott als Kind (*vatsalya*). Es mag merkwürdig erscheinen, Gott als Kind anzubeten, aber es ist der beste Weg, um alle Machtideen vom Gottesbegriff loszulösen. Der Gedanke Seiner Macht flößt Ehrfurcht ein, in dieser Liebe aber ist Ehrfurcht unerwünscht. Begriffe wie Ehrfurcht und Gehorsam sind notwendig, um den Charakter zu bilden. Ist dies jedoch geschehen, hat der Bhakta von der ruhigen, friedlichen Liebe und ein wenig von der hinreißenden und inbrünstigen gekostet, dann benötigt er keine geistliche Zucht und keine Ethik mehr. Er strömt Güte aus, wie die Blume den Duft. Diesem Bhakta liegt nicht mehr daran, einen allmächtigen, majestätischen, glorreichen Herrn der Welt zu verehren. Er will gerade den Gedanken der furchterregenden Macht Gottes vermeiden, und deshalb betet er Ihn als Kind an. Die elterlichen Beziehungen zum Kind sind nicht auf Ehrfurcht gegründet, sie erwarten von ihm keine Gunstbezeigung, im Gegenteil, sie opfern alles, sogar das Leben, für das Kind. Es ist stets der empfangende Teil. Deshalb will der Bhakta Gott als Kind lieben. Bei Religionen, die an göttliche Inkarnationen glauben, kommt diese Art der Verehrung ganz von selbst. Der Mohammedaner wird vor der Gottesidee als Kind zurückschrecken, wogegen Christen und Hindus sie ohne weiteres verstehen werden, weil sie das Jesus-Kind und das Krishna-Kind kennen. Indische Frauen betrachten sich häufig als Krishnas Mutter. Auch christliche Frauen sollten Christus auf diese Weise anbeten. Das würde dem Okzident die Erkenntnis der Göttlichen Mutterschaft, deren er so sehr bedarf, näherbringen.

Die letzte und erhabenste menschliche Vorstellung des göttlichen Ideals der Liebe ist als die »süße« (*madhura*) bekannt und gründet sich auf die höchste und zugleich stärkste Manifestation der menschlichen Liebe. Welche Liebe erschüttert den Menschen bis ins Innerste, welche Liebe durchströmt jedes Atom seines Wesens, treibt ihn zur Raserei, macht ihn sich selbst vergessen, verwandelt ihn zum Gott oder zum Dämon? Es ist die Liebe zwischen Mann und Frau. In dieser »süßen« Form göttlicher Liebe wird Gott zum Gatten. Wir alle werden zu Frauen. Es gibt keine Männer in der Welt, es gibt nur einen einzigen Mann, und das ist Er, der Geliebte. Alle Liebe zwischen Mann und Frau und Frau und Mann wird hier dem Herrn dargebracht. Die vielen Arten der Liebe, die es in der Welt gibt, und die wir mehr oder weniger spielen, haben Gott zum einzigen Ziel. Unglücklicherweise ist dem Menschen jener unendliche Ozean unbekannt, in den dieser mächtige Liebesstrom ewig fließt, und das ist der Grund, weshalb er törichterweise seine Liebe oft kleinen Menschenpuppen zuwendet. Die große Liebe zum Kind, die dem Menschen eigen ist, gilt nicht der Puppe Kind. Wird sie ausschließlich und blindlings dem Kind zugedacht, so endet eine solche Liebe mit Leid. Dieses Leid aber wird uns zur Einsicht bringen, dass alle Liebe, die wir einem menschlichen Wesen darbringen, früher oder später in Kummer enden muss. Wir müssen unsere Liebe dem Höchsten zuwenden, dem Unsterblichen, Unwandelbaren. Alle Flüsse strömen ins Meer. Selbst der kleinste Wassertropfen findet, wenn auch auf Umwegen, über Berghänge, Bäche und Ströme seinen Weg zum Meer.

Gott ist das Ziel unserer sämtlichen Leidenschaften und Gemütsbewegungen. Wenn wir zornig sein wollen, lasst uns zornig mit Ihm sein! Tadelt Ihn, den Geliebten, scheltet Euren Freund! Wen wollt Ihr tadeln, wenn nicht Ihn? Menschen werden Eure Scheltworte nicht geduldig hinnehmen, sie werden reagieren. Sagt Eurem Geliebten: »Warum kommst du nicht zu mir? Warum lässt du mich so allein?« Gibt es irgendeine andere Freude, als die Freude in Ihm? Kann es reine Freude geben in kleinen Erdklümpchen? Was wir brauchen, ist der Inbegriff nie endender Freude, und diese ist einzig in Gott zu finden. Wir wollen die Begierden und Leidenschaften Ihm zuwenden, sie sind für Ihn bestimmt. Verfehlen sie das Ziel, so werden sie nichtswürdig, treffen sie aber und gelangen zum Herrn, so wandelt sich selbst die niedrigste von ihnen. Alle Energien des menschlichen Körpers und Geistes, alle Liebe und jede Leidenschaft des Herzens haben Gott zum Ziel. Er ist der Geliebte! Wen sonst sollte dieses Herz lieben? Er ist das Schönste, das Erhabenste. Er ist Schönheit und Erhabenheit selbst. Was sonst in diesem Weltall ist wert, geliebt zu werden, wenn nicht Er? Er soll unser Gatte, unser Geliebter sein!

Die göttlichen Liebhaber haben häufig diese göttliche Liebe in der Sprache der menschlichen Liebe in allen ihren Aspekten besungen.[12] Toren verstehen dies nicht, werden es niemals verstehen. Sie können die heißen, inbrünstigen Liebesschmerzen dieser göttlichen Liebe nicht begreifen. Wie sollten sie auch?

»Nur einen Kuss von deinen Lippen, oh Geliebter!
Wen du geküsst hast, der wird ewig nach dir dürsten!
All seine Qual entschwindet, nichts weiß er mehr als dich allein.«

Sehnt euch nach diesem Kuss des Geliebten, nach dieser Be-

---

12 Das Hohelied Salomos.

rührung Seiner Lippen, die den Bhakta zur Tollheit treibt und den Menschen zu Gott macht. Wer diesen Kuss empfängt, dessen Wesen wandelt sich, Welten versinken, Sonne und Mond löschen aus, und das All selbst löst sich auf im uferlosen Ozean der Liebe. Das ist der Höhepunkt dieser Liebesraserei!

Freilich, der wahre Gottliebende macht sogar hier nicht halt. Die Liebe zwischen Mann und Frau ist ihm nicht genug. Er verfällt auf die Idee der außerehelichen Liebe, weil sie so überwältigend ist. Die Ungehörigkeit einer solchen Liebe kommt ihm gar nicht in den Sinn. Das Wesen dieser Liebe ist ihre Leidenschaftlichkeit, die mit den Schwierigkeiten, die sich ihr in den Weg stellen, wächst. Die Liebe zwischen Mann und Frau fließt sanft, hier gibt es keine Hindernisse. So versetzt sich der Bhakta in die Rolle der Frau, die ihren Geliebten innig liebt, während Mutter, Vater oder Gatte sich dieser Liebe entgegenstellen. Je größer diese Hindernisse, desto gewaltiger lodert die Liebe. Menschliche Sprache kann nicht beschreiben, wie heiß Krishna in den Wäldern von Vrinda geliebt wurde, wie beim Klang seiner Stimme die ewig begnadeten Gopis ihm entgegen eilten und alles vergaßen, alles, die ganze Welt mit ihren Bindungen und Pflichten, Freuden und Leiden.

Mensch, du sprichst von Gottesliebe und kannst gleichzeitig allen irdischen Eitelkeiten Gehör schenken! Bist du aufrichtig? »Wo Rama ist, da ist kein Raum für Begehren – wo Begehren ist, da ist kein Raum für Rama. Diese beiden können niemals nebeneinander bestehen, so wenig wie Licht und Finsternis.«

IX

Schlussworte

Ist dieses erhabenste Ideal der Liebe erlangt, so wird alle Philosophie über Bord geworfen. Wer bedurfte ihrer noch? Freiheit, Erlösung und Nirvana, auch sie sind überflüssig. Wen kümmerte Freiheit, solange er göttliche Liebe genießt?

»Oh Herr, was soll mir Gesundheit, was Freunde, was Schönheit oder Erkenntnis, was selbst die Freiheit? Lass mich wieder und wieder geboren werden, und sei du meine Liebe! Mögest du immer und ewig meine Liebe sein.«

»Wer will Zucker werden«, sagt der Bhakta, »solange er Zucker kosten kann.« Wer sehnt sich nach Erlösung und nach Einswerden mit Gott? »Ich weiß wohl, dass ich und Er eins sind, aber dennoch will ich mich von Ihm trennen, um den Geliebten zu genießen.« So spricht der Bhakta. Liebe um der Liebe willen ist die höchste Lust. Wer ließe sich nicht liebend gerne von der Liebe an Händen und Füßen fesseln, um sich am Geliebten zu erfreuen? Der Bhakta will nichts anderes als Liebe, nichts anderes als lieben und geliebt werden. Seine überirdische Liebe gleicht der Meeresflut, die stromaufwärts drängt. Dieser Liebende schwimmt flussaufwärts gegen den Strom. Die Welt hält ihn für toll. Ich kenne einen (Ramakrishna), von dem man behauptete, er sei wahnsinnig, und seine Antwort war: »Freunde, die ganze Welt ist ein großes Irrenhaus. Des einen Wahn geht nach irdischer Liebe, des anderen nach Ehre, Ruhm und Reichtum oder nach Erlösung und dem Paradies. Nun, auch ich bin wahnsinnig, ich bin vom Gotteswahn befallen. Also sind wir alle wahnsinnig; ihr nach Geld, ich nach Gott. Mir ist mein Wahnsinn der liebste.« Diese Raserei, vor der alles andere versinkt, ist die Liebe des wahren Bhakta. Für ihn ist die ganze Welt von Liebe erfüllt, von Liebe allein. Wer solche Liebe in sich trägt, ist ewig begnadet, ewig glückselig. Diese gesegnete Besessenheit göttlicher Liebe allein ist imstande, die Krankheit der Weltlichkeit zu heilen, an der wir alle leiden. Wo alles Verlangen gestillt ist, schweigt die Selbstsucht. Vor der Gottesnähe sinkt alles Wollen, alles Wünschen in sich zusammen.

In der Religion der Liebe beginnen wir alle als Dualisten. Gott ist von uns, wir sind von Ihm getrennt. Dann tritt die Liebe in die Mitte und nähert den Menschen Gott an, und Gott kommt dem Menschen näher und näher. Der Mensch durchläuft die ganze Skala irdischer Beziehungen, als Vater, Mutter und Sohn, als Freund, Herr und Liebender, und projiziert sie auf sein Liebesideal, auf Gott. Ihm ist Gott in allen diesen Beziehungen existent, und das Ziel seines Strebens ist erreicht, wenn der Anbetende fühlt, dass er mit dem Gegenstand seiner Anbetung eins geworden ist.

Wir alle beginnen mit Selbstliebe, und das kleine Ich mit seinen unbilligen Ansprüchen macht sogar die Liebe selbstsüchtig, bis am Ende der helle Strahl des Lichtes hervorbricht, in dem das kleine Ich eins geworden ist mit dem Unendlichen. Den Menschen selber verklärt dieser lichte Glanz der Liebe, und er wird der herrlichen Wahrheit inne: Liebe, Liebender und Geliebter sind eins.

Peter Michel
Weltreligion
Das Bewusstsein bestimmt das
gesellschaftliche Sein
978- 3-89427-168-8
Hardcover, 272 Seiten

„Weltreligion" wird
niemals eine Religion
von Dogmen, Vor-
schriften oder verbind-
lichen Lehren sein.
„Weltreligion" wird
die „Religion des Her-
zens" sein, in der sich
für jeden Einzelnen der
Pfad, sein Pfad, erst beim Gehen erschließen wird. Aus dem
Inhalt: Das Absolute – Schöpfung oder ewiges Sein – Die
Entfaltung des Lebens – Das Leben nach dem Tod – Rein-
karnation – Karma und Gnade – Der geistige Pfad – Erleuchtung – Ethik. Dargestellt in Hinduismus, Buddhismus,
Judentum, Christentum, Islam, klassischer Philosophie und
esoterischer Philosophie.

Das Bewusstsein bestimmt das gesellschaftliche Sein

Das entflammte Herz
Daniel Odier
978-3-89427-504-4
180 Seiten

Auf dem tantrischen
Weg die Kraft des Her-
zens entfalten

Daniel Odier gilt als
der beste Kenner der
tantrischen Spiritualität
im Westen! Mit diesem
Buch führt er noch
tiefer in die innerste
Essenz des tantrischen
Weges ein und offen-
bart Geheimnisse der östlichen Weisheitslehre, die viele
Jahrhunderte lang nur den Eingeweihten vorbehalten waren.
Die einzigartige Kunst Odiers liegt darin, alles Zeit- und
Kulturgeschichtliche zur Seite zu räumen und den wesentlichen, innersten Kern einer Tradition freizulegen. So gelingt
es ihm stets, seine Leser mit bestechender Klarheit, aber
zugleich auch mit radikaler Offenheit, auf das Herz des
WEGES aufmerksam zu machen. Dem tantrischen Weg des
„entflammten Herzens" zu folgen, ist keine oberflächliche
Angelegenheit. Dieser Pfad führt in die Konfrontation mit
allen Halbwahrheiten und Abhängigkeiten; doch wer ihn
mutig beschreitet, wird eine wundervolle Freiheit und wahre Herzensreinheit finden!

Tantra - Eintauchen
in die absolute Liebe
Daniel Odier
978-3-89427-246-3
220 Seiten

Wie viele an östlicher
Spiritualität interessier-
te Abendländer bricht
Daniel Odier zu einer
Reise nach Indien auf,
um die Geheimnisse der
Weisen des Himalaya
zu erkunden. Odier war
kein Anfänger, sondern
durch frühere Studien-
reisen bereits mit der indischen Philosophie vertraut. Doch
diesmal sollte seine Reise mehr sein als nur eine „Studien-
reise". Daniel Odier schildert in diesem bewegenden Buch
seinen dramatischen Bewusstwerdungsprozess, der ihn über
seine Ängste, Vorurteile und Begrenzungen hinausführt und
zu einem erwachten Menschen werden lässt. Mit Sicherheit
eines der besten und vor allem authentischsten Werke, das
je von einem Abendländer über Tantra geschrieben wurde. Ein Buch, das wahrhaft den Weg zur absoluten Liebe
aufzeigt!

Der Fakir
Ruzbeh Bharucha (ISBN
978-3-89427-481-8)
310 Seiten
Mein Leben mit einem
Meister

Das Leben von Rudra ist
verpfuscht. Er ist dem
Alkohol verfallen und
alle seine Freundschaf-
ten sind zerbrochen.
Er ist eine gescheiterte
Existenz und denkt
ständig daran, seinem
miserablen Leben ein
Ende zu setzen. In dieser
Stimmung fährt er auf eine Schnellstraße im Süden Indiens,
als er auf der Auffahrt einen schwerverletzten alten Mann
liegen sieht. Er hält an und gibt dem Unfallopfer kaum
eine Überlebenschance. Trotzdem hebt er ihn auf und lädt
ihn in sein Auto. Dort schlägt der alte Mann die Augen auf
und sagt: „Hallo, mein Sohn!" In diesem Moment beginnt
für Rudra ein neues Leben. Der alte Mann erweist sich als
sein Meister und beginnt ganz behutsam, Rudra auf einen
spirituellen Weg zu führen. Es entfaltet sich eine einzigartig
schöne, poetische, tiefsinnige, humorvolle und von geistiger
Tiefe geprägte Beziehung, wie sie selten zuvor literarisch
bearbeitet wurde. Dieses Buch ist ein wundervolles Juwel
der Spiritualität! Vielleicht ist der Geistige Pfad noch nie
so persönlich, so feinsinnig und so berührend beschrieben
worden. Ein Buch, das man sein ganzes Leben lang immer
wieder zur Hand nehmen wird!

Der Fakir – Die Reise
geht weiter
Ruzbeh Bharucha
978-3-89427-598-3

Der Schüler des „Fakirs"
ist gestorben und hat
seine irdische Hülle ver-
lassen. Als er sich um-
schaut, blickt er jedoch
zu seiner großen Verblüf-
fung – in das vertraute
Gesicht seines Meisters!
Gemeinsam wandern
sie durch die Geistige
Welt, und der „Fakir"
erklärt seinem Schüler
die unendlich weisen Gesetze des Lebens, die karmischen
Verbindungen und die faszinierenden Verknüpfungen der
Schicksalsfäden. Es zeigt sich ein wundervolles Panorama
des Lebens, in dem Diesseits und Jenseits nur zwei Seiten
einer Medaille sind. Ein packender Erlebnisbericht, bei dem
der Leser in jedem Kapitel spürt, dass hier eine wahrhaft
große Seele die Geheimnisse der Schöpfung enthüllt!